O PODER DO OTIMISMO

Agradecimentos

Ousadamente, acredito que a coleção **O Poder do Poder** é um momento novo na indústria do livro. Um novo conceito de "construir e escrever" livros está nascendo — o livro-clipping.

Este sonho empresarial foi e é um desafio no jogo da vida. Aliás, este jogo — descobri — não é um jogo *ganha-perde* ou *perde-ganha*, é um jogo *ganha-ganha*. Todos ganham, culturalmente. Do editor ao leitor.

Quando começo a pensar nos difíceis estágios por que passou este projeto, não posso deixar de lembrar a importante colaboração que recebi de várias pessoas, sem as quais não seria possível a sua realização material.

Com orgulho literário, agradeço a todas essas pessoas, físicas e jurídicas — pesquisadores, programadores, jornalistas, escritores, advogados, empresários, diretores de editoras, de gráficos, de jornais e TVs — o apoio direto ou indireto que ofereceram à realização deste trabalho. Sem a solidariedade, profissional e humana, desses amáveis colegas de trabalho, este projeto editorial jamais teria sido possível.
A todos, minha infinita gratidão.

O Editor

Coleção
O PODER DO PODER

O PODER DO OTIMISMO

Uma atitude de otimismo é fundamental para a Vida. Todas as grandes realizações foram feitas por homens otimistas. Você precisa e deve otimizar a sua vida.

Você tem o poder de mudar a sua vida

6

LIVRO | MARTIN CLARET | CLIPPING

Coleção
O PODER DO PODER

Idealização e Realização
Martin Claret

Pesquisa e Organização
R. Stanganelli

Projeto Gráfico
José Duarte Teixeira de Castro

Digitação
Celina V. Marques

Revisão
Marcos D. Agathão

Editoração Eletrônica
Bypress Comunicação

Direção de Arte
José Duarte Teixeira de Castro

Fotolito das Fotos
Grisé

Fotolitos em Editoração Eletrônica
Scritta

Papel
Off-set/ 87 x 114 x 90g

Impressão e Acabamento

Prol editora gráfica ltda.

Editora Martin Claret Ltda. - Rua Alegrete, 62
Bairro Sumaré - CEP 01254-010 - Tel.: (011) 262-8144
Fax: (011) 263-7146 - São Paulo - SP

Qualquer informação complementar sobre a Coleção
O Poder do Poder telefonar para (011) 262-8144

Impresso na primavera de 1994 - São Paulo - Brasil

LIVRO	MARTIN CLARET	CLIPPING

O Livro Vivo

MARTIN CLARET

O poder da informação

O homem é um animal neurolingüístico. Ele cria sua realidade a partir do pensamento e da palavra. Sua potencialidade é quase infinita. O conhecimento de si mesmo é a sua meta suprema.

Essa escalada do homem é uma imensa epopéia cósmica, e neste contexto cada criatura é um herói. Mas o início dessa escalada cultural foi terrivelmente difícil.

Vivemos, hoje, na "idade da informática". Não mais fazemos parte de uma cultura coletora, agrícola ou industrial, mas de uma cultura da informação. Vivemos numa época de profundas mudanças. Novas idéias e novos movimentos mudam o mundo quase que diariamente. Essas mudanças vêm a nós através de livros, jornais, cinema, teatro, filmes, *chips* de computador, etc. Nesta nova sociedade, quem tiver mais informações, tem maior poder. John Galbraith, o iluminado autor de *A Era da Incerteza*, proclamou: "Dinheiro é o combustível da sociedade industrial. Mas na sociedade da informática o combustível, o poder, é o conhecimento. Vê-se agora a estrutura de uma nova classe dividida entre aqueles que têm informação e os que devem atuar na ignorância. Esta nova classe não tem poder no dinheiro, ou na terra, mas no conhecimento."

Hoje, essa chave do poder do conhecimento é acessível à maioria dos seres humanos.

Definição de poder

Poder.

Nada exerce mais atração sobre os seres humanos do que essa palavra mágica. Nenhuma paixão é mais duradoura, nenhuma companhia mais constante. O poder é uma das mais legítimas emoções humanas. Sua motivação são os resultados. Agir para ser mais.

Poder é uma palavra incrivelmente emocional. Diante dela são infinitas nossas reações. Cada um tem um conceito pessoal da palavra poder. Para muitas pessoas ela tem uma conotação negativa. Outras, explicita ou secretamente, cobiçam o poder. Os mais ortodoxos suspeitam do poder. Cada um tem uma definição própria para o vocábulo poder.

Como uma cultura, nós temos sido ambivalentes a respeito do poder. Não obstante, poder — que deriva do latim *potere*, "ser capaz" — é energia. Sem poder não há ação ou movimento. Poder é um assunto central da transformação do ser humano.

Eu proclamo o Poder Correto — o poder usado não como instrumento negativo ou para glorificar o ego, mas a serviço da Vida. O poder como um ato de sabedoria e não como um instrumento para manipular pessoas. Poder compartilhado, e não o poder imposto.

Poder é a capacidade e habilidade de mudar nossas vidas. É a habilidade de definir as necessidades humanas e resolvê-las. Poder é energia.

O amor ao poder

Michael Korda, o editor-chefe da poderosa editora Simon & Suster — ele mesmo participante do fascinante jogo do poder —, no seu best-seller *Poder, Como Conquistá-lo, Como Utilizá-lo*, nos dá didaticamente as principais normas para criar poder.

Para completa informação de meus leitores, passo a transcrevê-las.

Primeira: "Pratique cada ação como se fosse a única coisa que realmente importa no mundo." Segunda: "Nunca revele aos outros tudo a teu respeito; guarde alguma coisa de reserva, para que eles nunca tenham certeza de que realmente te conhecem." Terceira: "Aprende a usar o tempo e pense nele como um amigo, não como um inimigo. Não o desperdices indo atrás de coisas que não desejas." Quarta: "Aprende a aceitar os teus erros. Não sejas perfeccionista a respeito de tudo." Quinta e última norma: "Não cries ondas; move-te suavemente, sem complicar as coisas."

Como homem, para quem o único limite do poder é o limite de acreditar, Michael Korda, nos dá, ainda, este ensinamento essencial: "Quanto mais mecânico e complicado for o nosso mundo, mais precisamos da simplicidade do poder para nos guiar e proteger. É o único dom que nos permite continuar sendo humanos num mundo desumano — porque o amor ao poder é o amor por nós mesmos."

A gênese da coleção O Poder do Poder

Sou editor de livros. O universo da minha vida sempre gravitou em torno de ler livros e "fazer livros". Sempre amei o livro em todas as suas formas e sempre acreditei na função do livro. Para mim o livro tem o poder de mudar as pessoas, e de mudar o mundo. Há 20 anos proclamo o princípio cultural de "Ler mais para ser mais".

Na juventude e mesmo como adulto sempre copiei, recortei ou xeroquei textos de "especial importância" para o desenvolvimento do potencial humano. Formei pastas e pastas desse material informativo — para meu uso e eventualmente para o uso dos amigos. Essa idéia foi inspirada no genial DeWitt Wallace, o fundador da *Reader's Digest* (a nossa *Seleções*) — o projeto editorial de maior sucesso em todo o mundo. DeWitt também, antes de fundar sua revista "praticava" esse singular *hobby* de colecionar recortes de artigos de interesse permanente — aliás, essa foi a idéia que deu origem à sua famosa revista multinacional. Mais tarde, usei parte desse meu material e o *know-how* adquirido em minha atividade profissional. Esta é a gênese da coleção **O Poder do Poder** e de outros trabalhos editoriais realizados por mim.

O Livro-clipping

O útil *Dicionário de Comunicação*, de Carlos Alberto Rabaça/Gustavo Barbosa, publicado pela Editora Codecri, define a palavra inglesa **clipping**, assim: **1.** Serviço de apuração, coleção e fornecimento de recortes de jornais e revistas sobre um determinado assunto, sobre as atividades de uma empresa ou instituição, sobre determinada pessoa, etc. É realização geralmente da organização, pela agência de RP ou de Publicidade que atende à empresa, ou por uma agência especializada neste tipo de serviço (conhecida como agência *clipper*). **2.** Recorte de jornal. **3.** O conjunto de recortes, recebido pelo interessado."

Sem o saber, inconscientemente, ao colecionar e "organizar" os meus recortes, sempre vinha exercendo o ofício de organizar *clipping*, embora fosse para uma só pessoa — para mim mesmo.

Impulsionado por várias circunstâncias, depois de alguns anos, já como editor, resolvi usar os meus conhecimentos para elaborar esta coleção, usando o mesmo princípio do *clipping*. Dei uma estrutura mais refinada ao material de texto, organizei os assuntos, criei uma capa — e eis o *livro-clipping*. O grande e principal objetivo é difundir conhecimentos especializados, e transformar as pessoas. Sempre fui centrado nessa magnífica obsessão.

Estrutura textual da coleção

Estatísticas nos Estados Unidos revelam a incrível constatação: quase 50% das pessoas que compram livros não os lêem até o final. No Brasil não é diferente. Motivos: além de hábitos culturais improdutivos, descuidos de editoração contribuem para essa lamentável situação.

A coleção **O Poder do Poder** é um esforço para corrigir, qualitativamente, algumas dessas falhas. Minha meta principal é apresentar um novo conceito de fazer livros — o livro-*clipping*. O livro essencializado, de interesse permanente, com texto na medida certa e de agradável diagrama. Livro de fácil leitura.

A coleção é aberta — são aceitas sugestões de títulos e de assuntos. O próprio leitor tornase um colaborador.

Embora esta coleção tenha estrutura de continuidade, cada livro possui sua autonomia própria. É um livro com começo, meio e fim. Os textos são capítulos essenciais extraídos de publicações nacionais e estrangeiras com afinidade de assunto, formando sinergeticamente um material redacional de grande coerência. A integridade do texto original é totalmente conservada.

Aos leitores que tenham interesse em aprofundar o assunto tratado em cada capítulo, recomendamos a leitura do livro original. Desejamos, mesmo, que os textos de cada capítulo motivem o leitor a uma consulta mais extensa ao livro-matriz. Aliás, esta é a essência do *livro-clipping* — provocar interesse e informar.

Mensagem cultural

A Galáxia de Johann Gutenberg (1400-1468) continua em expansão. A "idade da informática" ilumina mentes e corações. O homem continua sua fantástica escalada cultural. Nesse imenso universo vivo, o livro é a maior fonte de conhecimento e *poder*.

Livro muda as pessoas.
Livro muda o mundo.
"Ler mais para ser mais."

A BÍBLIA
DO OTIMISMO
R. Stanganelli
Formato: 14x21
186 págs.
União Universal
dos Otimistas
Tel. (011) 223-8381
São Paulo
(Ver pág. 122)

A Bíblia do Otimismo

R. STANGANELLI

O capítulo de abertura deste livro é de autoria do filósofo popular R. Stanganelli, autor de vários best-sellers *mundiais, quase todos versados sobre otimismo.*

Stanganelli, "livre-pensador, de âmbito universal, e eterno viajor pelos caminhos da vida", como costuma autodefinir-se, é fundador da União Universal dos Otimistas, organização silenciosa que espalha a sabedoria otimista no mundo através dos livros.

Seu primeiro livro, De Vencido a Vencedor *e a* Bíblia do Otimismo *(vários volumes) são textos lidos e relidos por milhares de leitores. Os livros de Stanganelli estão além dos comuns livros de auto-ajuda — eles ensinam a essência da sabedoria universal.*

Assumidamente, Stanganelli não escreve para intelectuais. Seu grande esforço cultural e educacional é dirigido para o povo — para o homem e a mulher comuns que buscam o seu espaço na vida. Está com os humildes e os pobres. Ensina a todos como se otimizar.

O que é o otimismo

Semeia esperança, enobrece a vida, desperta amor sadio, incute vontade inabalável de prosseguir. Envolve-nos num entusiasmo criador, transforma mágoas e tristezas em sorrisos benévolos e atraentes. Enriquece nossos pensamentos para realizações de idéias construtivas de utilidade universal e eterna. Dissipa o mêdo e dá-nos coragem consciente e invencível, sustenta a firmeza para resistirmos aos momentos mais sérios e difíceis da nossa vida.

Em suma: é uma fonte inesgotável de forças edificantes, que fornece energia e solução para qualquer problema da nossa vida comercial, social ou íntima, dissolvendo todos os obstáculos da nossa existência de maneira simples e criadora, dirigindo-nos sempre para o melhor caminho e para a vitória.

O otimista

O otimista é sincero e honesto para consigo mesmo, pois sabe que o seu sucesso depende de si mesmo. Compreende que qualquer deslize do seu caráter retardaria o sucesso.

* * *

O otimista tem vontade forte e sadia. Não tem mêdo de desagradar aos outros — caso isso se faça necessário; não muda de opinião segundo as pressões do meio ambiente ou das idéias emitidas contra as suas.

* * *

O otimista nada teme, nem receia o que os outros pensam dele. Quando se decide, age com plena consciência de que será dado o melhor de si dentro da verdade e da vida criadora e infinita.

* * *

O otimista é natural e autêntico. Quando surge algo que o surpreende, causando-lhe mal-estar ou repugnância, excitando-o a detestar, procura analisar friamente e pergunta a si mesmo: por quê?

* * *

O otimista procura investigar se existe algo complexo enraizado no problema surgido. Colocado o problema às claras, tudo será sanado à altura e extinto o problema pela raiz.

* * *

O otimista reconhece que há certas deficiências que não só devem ser analisadas, mas também vencidas.

* * *

O otimista compreende que, para se realizar o melhor, a vida exige do ser humano esforço, persistência e ação.

* * *

O otimismo leva-nos aos

supremos degraus do sucesso, e o sucesso pertence aos otimistas.

* * *

O otimismo torna o mundo mais alegre, um lugar mais agradável de se viver.

Ser otimista...

É ter confiança no agora, no hoje e no amanhã.

É viver o pensamento bom e sadio.

É manter-se com fidelidade ao dever.

É saber cultivar amizades.

É, com persistência, cultivar a paciência.

É se aplicar ao estudo.

É vencer e superar o passado, as lágrimas, o desânimo, as injúrias, a revolta.

É pensar, amar, querer, sorrir, imaginar, criar, realizar.

É estar sempre além dos limites, progredindo, perseverando, agindo e vivendo.

É escolher o lado bom da vida, utilizando as suas forças e seus poderes em direção do sucesso.

É saber que sorte é estar preparado para a oportunidade.

É não admitir ser um zero à esquerda, um barco perdido no oceano da vida.

É saber que sempre há algo na vida para se fazer e melhorar.

É dar tudo de si, para alcançar o sucesso.

Otimista é:

Quem não perde a alegria de viver mesmo nas grandes tristezas.

Quem sabe que não é a vitória e sim a luta que faz o homem.

Quem assume as responsabilidades de seus erros sem que ninguém o acuse.

Quem sabe que ninguém pode colher antes de semear.

Quem se ergue com a mesma força após grandes fracassos.

Quem sabe que a glória está na ação e não nas vantagens que ela proporciona.

Quem se preocupa em não enganar ninguém.

Quem sabe que a paz que procura fora de si só é encontrada no íntimo de cada um.

Quem sabe que não adianta afogar o sofrimento e os desenganos nos prazeres mundanos.

Quem reconhece que suas falhas derivam em grande parte das suas próprias fraquezas.

Quem sabe ser cordial e educado.

Quem sabe respeitar a si mesmo sem desrespeitar seu

semelhante.

Quem sabe que os males são passageiros, e aconteça o que acontecer, prossegue firme.

Quem esquece as crueldades dos amigos e dos familiares.

Quem espera sem se desesperar.

Quem, na imensidão do amor, conversa com Deus.

Quem enxerga nas trevas a luz que brilha nos olhos de uma criança.

Princípios otimistas

Os princípios otimistas estão alicerçados e fundamentados no caráter reto e sadio, na virtude consciente, na hombridade criativa. A fé sólida conduz o otimista em todas as suas ações e objetivos. O fator que determina os pensamentos, os atos e as palavras do otimista é o bem! As atividades do otimista não o comprometem. Todo trabalho do otimista leva o selo da boa vontade, do prazer de ser útil, da sublime glória do existir e viver o lado bom da vida.

O otimista sabe ser grato. Agradece a todo instante pelos benefícios naturais que recebe — a água, o sol, o ar, a terra e todo alimento que o sustenta na vida cotidiana.

Os atos dos otimistas são praticados com sinceridade e altruísmo. O otimista é nobre sem ostentação, humilde sem servilismo e puro com naturalidade.

Em suma: o otimismo não se escraviza a nada: preconceitos, racionalismos, credos, vícios, esportes, política, sexo, prazer, exibicionismos. Não admite fanatismo, pois sabe que um fanático está a caminho da loucura.

A grandeza da vida real, para o otimismo, é bem maior que os limites fixados pela pequenez da mente condicionada. Nos limites da mente pervertida engendram-se todas as fraquezas e misérias humanas: cólera, vingança, violência e ódio. Na mente do otimista estão fluindo todos os poderes da luz, do amor, da compreensão e da benção divina.

O poder do otimista

O poder do otimista está em si mesmo. Os objetivos da União Universal dos Otimistas têm como princípio básico conscientizar seus adeptos de que todos os seres humanos, conscientes ou inconscientes, são um templo criado por Deus. A grandiosidade de uma vida mais rica, feliz, consciente, sadia, fraternal e verdadeira, poderá nascer agora; neste instante, em que você está lendo este artigo. Você já é um templo. Tudo depende de você. Não importa onde você se encontre na vida, não importa se seus atos são puros ou podres — se, neste momento, você se decidir a utilizar o templo do seu ser, que é o do seu corpo, através dos pensamentos criativos, você poderá remover todos os obstáculos que porventura, até hoje, o tenham impedido de ser feliz!

Louve e respeite o seu corpo; ele é o seu templo de oração. Onde quer que você se encontre, ore, ore com fé e amor. Talvez neste exato momento você esteja preso aos vícios da carne, à doença, num cárcere cumprindo pena, no abismo mais profundo da desgraça. Não se desespere! Sempre é tempo. Deus é misericordioso e tudo pode. Você, unindo-se a Ele, poderá vencer tudo. Quem se redime humildemente poderá alcançar todas as felicidades que a vida tem para dar. Acorde e desperte para a vida real! Você está cercado por Deus, você é filho de Deus. Deus lhe deu tudo, você não soube usar e compreendê-lo. Todos os poderes estão dentro de você. Talvez você, até hoje, só os tenha usado para o mal. Volte ao caminho do bem com fé e otimismo e verá o quanto você é poderoso. Lembre-se: nos caminhos do mal ninguém poderá ser feliz!

Edison nos ensina

Para pensar com clareza, um homem deve ter período regulares de solidão a fim de se poder concentrar e dar largas à imaginação, sem distrações.

* * *

Qualquer homem pode alcançar o êxito, se dirigir os seus pensamentos numa direção e insistir neles até que faça alguma coisa.

* * *

O sucesso compõe-se de noventa e nove por cento de transpiração e um por cento de inspiração.

Thomas Edison

O Grande Edison fracassou dez mil vezes antes de conseguir a lâmpada elétrica — não desanime nem abandone a luta, se fracassar uma ou duas vezes, antes de atingir o seu objetivo.

Somente o homem que se interessa por tudo é que poderá considerar-se um verdadeiro sucesso, como foi o imenso Thomas Alva Edison, que iluminou o mundo.

Henry Ford

Edison, o criador e fundador do otimismo no mundo

O otimista é um ser persistente e indomável. O otimista é a única pessoa que pode abraçar o mundo sorrindo, sem se ferir com os seus espinhos. Sabem por quê? Ele aprendeu que ter uma vida não basta; o importante é saber dirigi-la com lucidez, bom senso, compreensão e otimismo. Sabe também que é belo moldar-se uma estátua e dar-lhe forma, mas é muito mais sublime instruir, ensinar uma inteligência, dando-lhe o exemplo e indicando-lhe o melhor caminho, como fez Edison a Henry Ford.

O que vamos ler a seguir é das próprias palavras de Ford.

Diz ele:

" — Edison, tal como o conheci, foi o poderoso, o grandioso, o maior esforço humano otimista. Edison é exemplo vivo desse talento. Nunca admitiu, mesmo remotamente, a possibilidade do fracasso.

Quando pequeno, fiz de Edison meu herói predileto. Depois que o conheci, a simpatia e a admiração que eu lhe votava só têm aumentado. Foi uma grande felicidade para mim o fato do herói de minha adolescência ter sido o maior amigo de minha idade viril e adulta. É uma circunstância que, pela própria natureza das coisas, acontece muito raramente.

Nossa dívida para com Edison: Edison foi o fundador da Indústria no mundo. Quase todos os fatores importantes de nossa prosperidade, direta ou indiretamente, estão ligados às descobertas de Edison. Edison fez mais para abolir a pobreza que todos os reformadores e políticos de todos os tempos. Proporcionou novas possibilidades ao homem como indivíduo.

Das obras de Edison é impossível dizer, entre os milhares de descobertas, a mais útil. Qualquer progresso e sucesso pessoal, ou coletivo, só se tornou possível, graças aos seus inventos criativos e descobertas. Não existe uma só pessoa no mundo que não esteja em dívida com Edison.

Essa é a grande lição que nos dá Edison, o investigador, o inventor, o descobridor. Edison, acima de tudo, foi o rei da persistência, da paciência. Foi o criador e fundador do otimismo no mundo. Interessava-se por tudo.

A maior emoção, o maior momento de minha vida, aconteceu no dia 11 de agosto de 1896. Foi um dia de grande significação em minha vida. Ouvi, do maior gênio inventivo do mundo, palavras de incentivo e plena aprovação do meu ideal. Disse o grande Edison para mim: "Muito bem, jovem, você está no bom caminho, não desanime. Você acertou. Não esmoreça! Persista e trabalhe, que você vencerá". Para mim, foi a maior glória do mundo conhecer Edison, do qual me tornei o maior admirador. Até esse dia, ninguém me havia estimulado. Parecia-me estar no bom caminho, algumas vezes tinha quase certeza, outras vezes ficava na dúvida, mas só nesse dia, graças a Edison, subitamente, descortinei um horizonte novo em minha vida, dediquei-me à industrialização do meu carro e venci. Tive o encorajamento de um inventor que não alimenta idéias vãs; não deixa seu entusiasmo perturbar sua visão. Para mim, Edison era o maior homem do mundo. E, a partir desse dia, cresceu mais, como inventor e como homem. Imaginem vocês minha adoração, minha veneração por esse gênio.

O que me levou a escrever muito sobre Edison, foi esse gênio para o trabalho, de resultados aleatórios, que me entusiasmou quando pequeno e fiz de Edison meu herói predileto, para sempre. Creio que cheguei a conhecê-lo intimamente, e quanto mais o conhecia, maior ele me parecia como homem e como gênio ao serviço da humanidade, sempre com a mesma firmeza, persistência e otimismo."

Então, caros amigos, vocês, que estão no caminho para o sucesso, não se sentiram felizes e mais fortes do que nunca, ao ouvirem as grandes virtudes dos líderes, dos gênios? A grandeza das oportunidades que contém a vida, expostas e realizadas pelos cérebros mais lúcidos, pelos homens que partiram do ponto zero, do nada, e chgaram às maiores fortunas e realizações?

Edison, o pequeno jornaleiro, Ford, o menino franzino, filho de um humilde agricultor, mas fazendeiro, tornaram-se os mais ricos homens do mundo. Os mais lúcidos seres humanos de todos os tempos.

E o que é mais importante: o exemplo, que ficou imortalizado. Enquanto existir um ser humano sobre a terra, existirão Edison e Henry Ford.

Preceitos otimistas

1. O otimista age completamente ao contrário dos pessimistas: o otimista não reclama, faz; não critica, realiza; não discute, trabalha; não condena, compreende.

2. O otimista acredita no Inventor Supremo e no lado bom da vida. Sabe que o bem existe. Compreende o mal, sem fazer parte dele; esquece-o, porque sabe que será destruído em seu próprio abismo.

3. O otimista confia no po-

der infinito do Criador. Sabe que:

"Do grão de areia à montanha;
da gota d'água ao oceano;
da minúscula sementinha ao sorriso da criança;
do gorjear dos pássaros à fantástica sinfonia;
do centímetro às centenas de milhas;
das trevas da noite ao alvorecer ensolarado,
o Inventor Supremo tudo governa".

4. O otimista não se deixa motivar e guiar por fantasias mentais; muito pelo contrário, não tem interesses ilusórios e age com propósitos firmes e definidos. Compreende que, das fantasias e sonhos mentais à realidade, a distância é muito grande.

5. O otimista desperta o gênio que está adormecido em seu íntimo, porque compreende que o ser humano cresce de dentro para fora — como acontece com as sementes.

Desenvolve sua inteligência, seu talento, sua auto-imagem para fins dignos, nobres e elevados...

6. O otimista participa da vida de maneira sadia, pura e consciente, trabalhando e aperfeiçoando o que existe sempre para o melhor, de maneira infinita, crescente e abundante; participando da vida sem nada destruir e acreditando fielmente que tudo aquilo em que crê é possível conseguir.

7. O otimista aprendeu que a vida é expansão. Sem vacilar, aumenta sua confiança pensando no melhor, falando e fazendo o bem, e trabalhando na construção de uma vida mais rica, alegre e feliz!

8. O otimista olha para as coisas do mundo e da vida sempre com um novo interesse. Compreendeu que a vida se forma de instantes e os instantes transformam-se no agora, no presente e no hoje. Portanto, não espera; decide com otimismo, cheio de confiança em si mesmo, com poderes autênticos, e age até realizar e vencer.

9. O otimista compreende que a disposição para o fracasso, no ser humano, é quase que uma constante em sua vida; dessa falha nasce o mêdo que tudo destrói. Mas, graças à inteligência que lhe foi doada por Deus, ele descobriu que, para destruir essas fraquezas, terá que definir, programar, agir, persistir e resistir sem vacilar, até conseguir os seus mais elevados objetivos.

10. O otimista compreendeu que para ter êxito sólido, crescente e permanente, precisa dar tudo o que possui de si, sem esmorecer diante dos revezes e circunstâncias adversas. Somente com essa fibra de otimista consegue-se o que há de melhor na vida infinita.

Lembretes otimistas

1. Não há nenhuma riqueza fora de nós mesmos.

2. A supressão do mêdo é o princípio da vitória.

3. Fiquem os fracos e covardes com o fracasso.

4. Seja forte, de maneira que nada possa perturbar a sua paz de espírito.

5. Fale de saúde, felicidade e prosperidade a toda pessoa que encontrar — não por vaidade, nem por ostentação.

6. Faça os seus amigos sentirem que há alguma coisa de supremo dentro deles.

7. Olhe para o lado bom e glorioso de todas as coisas, e faça que o seu otimismo se torne uma realidade.

8. O ambicioso começa sempre buscando e tirando; depois, deixa e perde tudo.

9. Não venere o passado, nem tema o futuro.

10. Saiba que o insucesso é uma grande oportunidade para se recomeçar de novo, com mais experiência e inteligência.

11. Não há mal algum num fracasso honesto; o mal está no medo de falhar.

12. Os desenganos devem estimular-nos a prosseguir, indicando-nos novos caminhos e meios mais elevados de irmos avante.

13. Despreocupe-se das competições. Saiba que a vida é uma escala e, a cada degrau superado, o pico estará mais próximo.

14. Sintonize-se com o infinito de maneira ampla, para descortinar novos horizontes e sendas a seguir.

15. Confie sem reservas nas forças do bem, evitando assim os perigos do mal.

Meta do otimista

O otimista compreende que a dor, a fome, a guerra, os crimes e toda a gama de doenças orgânicas e mentais existem em todas as suas variadas dimensões na espécie humana, atingindo todas as classes e categorias sociais; e é justamente por esse motivo que o otimista procura demonstrar o outro lado da vida.

As crescentes e poderosas forças criadoras do bem se espalham, abundantes, em todas as esferas da vida material e espiritual — vida sã, pura, elevada e virtuosa.

Canalize suas idéias através das infinitas vibrações que emanam de todo o Universo.

Vibrações sagradas em sintonia otimista

O otimista terá que esquecer-se por completo de qualquer falta grave do passado, para não cair em sintonia com os espíritos ignorantes, sofredores e malfeitores.

Nessa faixa, encontram-se grandes massas perturbadas, confusas e aflitas e, se o otimista não estiver vigilante, será ameaçado e arrastado para as baixas vibrações, perdendo assim o seu reino de luz.

O magnetismo psíquico dessa baixa esfera está condensado em fluidos malignos. A sintonia vibratória do otimista terá que ser como uma fonte iluminadora. Terá que irradiar e edificar vida elevada e pura como a luz do sol. A ligação energética superior do otimista terá que ser feita em sintonia com a corrente universal, nos horários fixados, para fortalecer cada vez mais o seu poder no bem.

Obs.: Os horários fixados para os registros espirituais das vibrações sagradas são às 6:00, às 12:00, às 18:00 e às 24:00 horas. Em qualquer desses horários, o otimista terá que entrar em círculo universal, para fazer suas vibrações da maneira mais elevada possível.

A vibração sagrada terá que ser feita através de pensamentos elevados, puros, sadios e dignos.

Nesses momentos de vibrações em circuito, terá que doar de dentro de si o melhor que tiver: elevar sua alma a Deus com toda essência interior; suplicar em pensamentos paz, saúde, amor, harmonia, prosperidade e muita felicidade para toda a humanidade.

Não existe uma fórmula pré-estabelecida para cada horário das vibrações sagradas; em cada horário, o adepto dá o que tem de melhor e o que pode.

Esta doação terá que ser somente em pensamento.

O ser humano vale pelo que sente e não pelo que diz.

Aviso ao leitor adepto ao otimismo

(Como evoluir através de boas leituras)

Estas regras podem aumentar ainda mais a sua eficiência na expansão mental.

a. Toda literatura otimista, de escritores sadios e mentalistas positivos, tende a fortificar sua energia criativa e otimista.

b. Quando você se identificar com o conteúdo de um determinado livro, procure lê-lo quantas vezes se fizer necessário, até que os princípios nele contidos passem a fazer parte de sua conduta.

c. Habitue-se a leituras que disciplinem sua mente em criar pensamentos elevados, prósperos e felizes!

A pessoa age na vida segundo os seus pensamentos. Pense bem e forte, para edificar um rico futuro.

d. Cuidado com leituras destrutivas e pessimistas. Elas atuam silenciosamente, disseminando na mente o veneno do mal e finalizando seu trabalho nas células orgânicas, deixando a triste marca dos vícios em suas vítimas.

e. Policie a sua mente a todo instante, exigindo de si mesmo o máximo e boas leituras. Mantenha-se firme no lado simples, puro e otimista da vida, expulsando de sua mente os pensamentos desqualificados e pervertidos. Todo cuidado é pouco, pois o mal está vivo em todas as circunstâncias do dia-a-dia. Seja precavido para combatê-lo. Imunize-se, evitando assim surpresas desagradáveis.

f. Não pague pelos erros dos outros e nem sustente vícios dos viciados. Nossos adeptos são esclarecidos de maneira positiva, para não se comprometerem e nem se vincularem na cumplicidade com os irresponsáveis e péssimos escritores.

g. Una-se cada vez mais aos homens positivos, otimistas e responsáveis, que estão conscientes dos deveres dignos, honestos e criadores. A boa leitura é sadio alimento para a mente.

h. Evite explorar ou ser explorado. Os pecados capitais da vida são estes; abuso, desequilíbrio e exploração em qualquer sentido.

Obedecendo a estas regras, você poderá desenvolver-se mais facilmente em todas as esferas da vida elevada, com muito otimismo.

Alerta aos otimistas

Mantenha-se no lado bom da vida!

Há muito ódio e muita discórdia envenenando as almas; a ignorância e a maldade lançam trevas, formando abismos e tragédias em toda parte.

Não procure vingança dos erros e injustiças que lhe fazem.

Antes de expressar uma opinião, assegure-se de que conhece os fatos e não tema em dizer.

Não alimente preconceitos raciais ou religiosos.

Os dez mandamentos do otimismo

I. Hoje é o dia mais importante de tua vida. Não o sobrecarregues com lembranças dolorosas do ontem, nem com temores covardes do amanhΔ. Vive-o com entusiasmo e intensidade.

II. Constrói tu mesmo tua vida. Não permitas que opiniões e erros alheios te conduzem ao fracasso.

III. Irradia amor, cordialidade e simpatia. Nada guardes de teus tesouros espirituais, pois, quanto mais deres, mais enriquecerás.

IV. Nada esperes receber dos outros. Tua grande fonte de energia está em ti mesmo — se souberes utilizá-la, verás quanto já és rico e forte.

V. Sê pontual, honesto e exigente contigo mesmo. Quem não se disciplina desperdiça tesouros de energia física e mental, acabando por destruir-se.

VI. Cuida de teu corpo e de tua mente, conservando ambos sadios. Como os males de um se refletirão infalivelmente no outro, os dois merecem por igual teu cuidado.

VII. Tem paciência. Jamais duvides da continuidade da vida e de que a vitória pertence aos que sabem esperar o momento certo de agir.

VIII. Foge da extravagância e do desperdício. Os dois são próprios dos desequilibrados — e o equilíbrio na vida é um bem inestimável.

IX. Faze diariamente uma avaliação de tua vida. Vê a que deves dar importância, e de que fardos inúteis do preconceito e do sentimentalismo deves livrar-te, para que não te embaracem em tua caminhada para um futuro pleno de realizações.

X. Tomada uma decisão consciente e livre, jamais te afastes dela. Saber querer é a base para vencer.

No convívio otimista

Aos colegas, com os quais convivemos, carregando as marcas das experiências comuns vividas na lide diária, sempre confiantes e otimistas, sempre em prol de um mundo melhor para se viver, com mais segurança, alegria e felicidade; que entre nós e nos nossos corações ressoem cada vez mais as forças poderosas do crescimento íntimo, pelo sadio reflexo do otimismo cultivado para o progresso e para as realizações positivas!

Para aqueles que, por motivos vários, nos deixaram ou nos deixarem, o nosso abraço otimista e a esperança compreensiva de um dia, no futuro, termos um novo reencontro nos caminhos da evolução. A nossa amizade, também, a todos que nos respeitam em nosso ideal e nos querem e estimam. O nosso perdão compreensivo àqueles que, por motivos alheios à nossa vontade, não nos compreendem na nossa meta otimista, em busca do florescimento do bem, da vida feliz e alegre.

Afirmações otimistas e positivas

"A vida é sua e minha".

Pense assim: tenho um maravilhoso dia à minha frente, que irei usar da maneira mais inteligente possível.

Farei tudo para eliminar todos os pensamentos negativos e destrutivos. Estou totalmente desligado do mal. As forças criadores e reais da vida estão me inspirando tudo o que é bom, sadio, útil e de benefício geral, em qualquer fase da vida. Estou me tornando, cada dia que passa, mais compreensivo e receptivo às idéias luminosas, repletas de verdade, justiça, bom senso e dignidade. Estou cada vez mais calmo, sereno, simples e natural. Meu amor está além de qualquerr desejo mundano e corrompido. Sou capaz de sobrepujar todas as dificuldades que surgirem em minha vida. Tenho uma grande força e um poder invencível, espiritual, moral e material. A minha fé no bem é inabalável. Não comprarei ilusões, prazeres, mentiras, sexo e consciência. Farei tudo da melhor maneira possível e com boa intenção, para merecer a confinaça, a firmeza e a resistência que a vida tem em seu conteúdo. Estarei unido em qualquer instante à criação infinita, recebendo todo o apoio necessário para poder viver, dentro da vida, a melhor vida que existe.

Pessimismo e Otimismo

Quem já esteve nos ambientes onde o pessimismo é rotina, sabe do grande mal que ele causa às pessoas.

O pessimista nada consegue na vida. Vê tudo pelo lado negativo. Não realiza, não acredita, não tem oportunidades e não as oferece também. Fecha todos os canais de progresso.

O otimista é o contrário. Tem, para todos, uma palavra de estímulo, de encorajamento, de carinho, e sabe que uma pessoa otimista vê o lado bom das coisas. O otimismo torna a pessoa alegre, dinâmica, decidida, feliz, confiante, edificante, jovial, entusiasta e realizadora. O otimismo resolve problemas e eleva os nossos objetivos, para empreendermos grandes realizações, com sucesso e muita saúde espiritual, moral e material.

O melhor possível

Se você não puder ser um pinheiro no topo da colina, seja um arbusto no vale.

Mas seja o melhor arbusto à margem do regato...

Seja um ramo se não puder ser tronco;

Se não puder ser árvore, seja um pouco de relva

E dê alegria aos que passam no caminho...

Se não puder ser almíscar, seja então uma tília —

Mas a tília mais viva do lago!

Não podemos ser todos ca-

pitães; temos de ser tripulação.
Há algum lugar para todos nós aqui.
Há grandes obras e outras pequenas a realizar,
Sempre há uma tarefa que devemos empreender.
Se não puder ser uma estrada real, seja uma vereda;
Se não puder ser o Sol, seja uma pequena estrela —
Não é pelo tamanho que se ganha ou que se perde;
Seja o melhor possível, aquilo que quer que você seja!

As desculpas dos fracassados

Quando eu receber o aumento...
Quando eu me casar...
Quando eu comprar um carro nôvo...
Quando eu liqüidar minhas dívidas...
Quando eu trocar de emprego...
Quando eu ficar bom de saúde...
Quando eu mudar de casa...
Quando eu montar meu negócio...
Quando eu tirar minhas férias...
Quando eu vender o apartamento...
Quando eu sair do hospital...
Quando eu receber meu diploma...
Quando eu tiver minha casa...
Quando eu melhorar de vida...

Mas a verdade é bem diferente para o otimista: na vida do otimista não existe o "quando", existe o "agora". O otimista enfrenta com fé e firmeza e acaba vencendo.

Os derrotados

Os únicos derrotados neste mundo
são os que não crêem em nada;
os que não concebem um ideal;
os que não vêem um caminho mais adiante;
os que se desesperam e renegam a si mesmos,
sua pátria e seu Deus (se o tiverem);
são os que se desiludem cada vez que lhes sai mal
algum plano financeiro ou político,
na matemática de seu egoísmo;
são os que não têm coragem de começar de novo.

Joaquim V. Gonçalves

Pessimistas e otimistas

Os negativos pessimistas caminham em seus dias para negras noites sem alvoradas. O otimista age completamente ao contrário. Está constantemente em audiência com a nua e crua realidade, sem se deixar esmagar por ela.

Na luta, se renova;
no trabalho assíduo, cultiva o ânimo;
nos momentos difíceis, procura compreender;
nas ocorrências sérias, age com equilíbrio e paciência...

* * *

O otimista consciente é uma pessoa segura de si, capaz de enfrentar as circunstâncias mais sérias, com confiança e decisão.

* * *

O otimista nunca se compara com os outros; ele é ele mesmo, com inteira naturalidade, em quaisquer circunstâncias.

* * *

O otimista nada teme porque conhece suas imensas possibilidades reais. Age decididamente, confiante em si mesmo. Vence sempre movido pelo trabalho e pela ação.

* * *

As leis das quais se utiliza o otimista são simples, mas profundas e reais.

* * *

Exemplo: o otimista não acredita no fracasso. Em qualquer circunstância adversa, descobre recursos imensos para renovar e servir, recomeçar e prosseguir. Eis as suas leis... simples, mas que oferecem grandes resultados.

* * *

O objetivo do otimista não é criticar o pessimista. Muito pelo contrário, com os resultados comprovados, o otimista quer ensinar ao pessimista como se curar do negativismo que se tornou em pessimismo.

* * *

O otimista é simples, objetivo e prático. Suprime explicações teóricas por ações práticas; conversações inúteis, por trabalhos realizados; dissertações filosóficas, por ensinamentos objetivos. O otimista não quer passar por sábio. Sabe de há muito que tudo isso seria de uma tremenda inutilidade. Ensina os caminhos práticos e simples de como vencer na vida.

* * *

O otimista não prega teorias; ensina meios práticos e vividos, de como outras pessoas venceram o medo, a timidez, a angústia, a ansiedade, a solidão e outros males que deprimam e roubam o prazer de viver.

* * *

Santo Agostinho disse: "O hábito é uma segunda natureza". O hábito tanto pode ser cultivado para o bem como para o mal. O Otimista cultiva-o para o progresso, para o sucesso: o pessimista cultiva-o para o fracasso, tornando-se negativo e fatalmente derrotado.

* * *

A paz íntima e consciente dá tempo à busca, à indagação, à dúvida. A paz íntima é a iluminação a todas as coisas.

* * *

Existe em você grandiosa e ainda desconhecida força — conscientize-se dela.

* * *

"Fracasso? Não acredite em derrotas.

Lembre-se de que, pela benção de Deus, você estará agora em seu melhor tempo — o tempo de HOJE. Você pode sorrir e recomeçar, renovar e servir, em meio a recursos imensos".

André Luiz/Chico Xavier

* * *

O otimista cultiva fortaleza de ânimo e acolhe a realidade, tal como ela se lhe apresenta.

* * *

"Se você quer ser feliz, fuja a todo assunto vão que não clareie a cabeça, nem ajude ao coração".

Casimiro Cunha/
Chico Xavier

* * *

O otimista compreende que a responsabilidade pelo aperfeiçoamento do mundo compete a todos nós.

* * *

O otimista sabe que, acima da justiça comum dos homens, propriamente considerada, outros tribunais mais altos funcionam... Compreendendo a grandiosidade da vida infinita, age com absoluta imparcialidade, dando a cada um quanto lhe caiba.

Afirmativas otimistas

. Seja sempre alegre e otimista.

. Cultive pensamentos puros, simples e objetivos.

. Aumente a confiança em si mesmo, diariamente.

. Empregue o seu tempo da melhor maneira possível.

. Cultive a tranqüilidade e a brandura.

. Tenha muito respeito e estima para consigo mesmo.

. Cuide bem de sua aparência e de sua personalidade.

. Viva intensamente as emoções agradáveis e os sentimentos de segurança e bem-estar pessoal.

. Nunca se irrite contra a vida e nem maldiga da sorte.

. Aja com bom senso e dignidade, para não ser escravo do sentimento de culpa.

. A nossa primeira responsabilidade é com a nossa própria consciência.

. Para sermos otimistas conscientes, devemos abandonar as estudo — aplicação.

No raciocínio — visão.

Na liberdade — disciplina.

No conselho — exemplo.

ensamentos, nas palavras e nas ações.

. Nunca escute conselhos falsos e insensatos; pense por si mesmo.

. Seja você mesmo em qualquer circunstância.

O otimista sabe que a verdade é simples e grande

Não há ninguém que tenha compreendido a verdade em seu todo.

A verdade é uma riqueza infinita, inesgotável e pura. A verdade somente constrói. Da verdade emana a força exata para silenciar a mentira e florescer o bem.

A verdade é uma força poderosa e vivificante, que edifica, ilumina e sublima. A verdade não mede a vida pelos bens materiais e nem pelos cargos que os poderosos julgam ocupar, manipulando e agindo com a força do dinheiro. Não: a verdade está além do poder material, está além da ambição, está além da força bruta, está além de vaidades pessoais. A verdade é vida, escapa a todas as pretensões humanas. A verdade existe simplesmente para elevar o inocente, o certo, o útil, o real e a vida como ela é. A verdade é o tudo e o todo, sem glórias mundanas.

As vantagens de ser um otimista

O otimismo simplifica tudo: o trabalho, o estudo, a diversão, a vida amorosa. As pessoas otimistas não complicam nada.

São puras, simples, leais, sadias, virtuosas e nobres. Procuram ver a vida sempre pelo melhor lado.

Não se deixam abater por nada.

Estão sempre alegres e felizes!

Enfrentam tudo sem esmorecer.

Não deixam as coisas tristes embrutecer os seus sentimentos.

Os otimistas estão sempre empenhados em realizar algo de bom em todos os sentidos. O otimismo é o sol dos novos tempos. Seja otimista e viva feliz!

Lemas necessários aos otimistas

. Sempre é tempo.
. Tudo é possível.
. Querer é poder.
. Melhores dias virão.
. Pensar para aceitar.
. Calar para resistir.
. Agir para vencer.
. Trabalhe e terá.
. Primeiro o dever.
. Sempre alerta.
. Espere confiante.
. Sorria sempre.
. Evite as futilidades.
. Renove seus pensamentos.
. Seja tolerante.
. Acredite no bem sem vacilar.
. Não calunie a ninguém.
. Crie as próprias oportunidades.

Fórmula certa

Siga a fórmula única:

Plante no coração muito otimismo — a colheita será abundante.

Invista nesse milagroso poder de todos os fluídos do bem e das vibrações sagradas.

A vida merece o seu voto de confiança, de otimismo.

O otimismo é a morada do sol.

A segurança e a valorização da vida estão no otimismo.

A vida não foi criada só para o prazer. Muito pelo contrário, antes do prazer temos de compreendê-la, para vivermos com o real sentido de felicidade plena.

O Universo do meu ser é meu templo

O otimista jamais poderá duvidar da existência de Deus. Este é um ponto que terá que ser aceito definitivamente, antes de tornar-se um fiel adepto da União Universal dos Otimistas. O verdadeiro e real otimista terá que crer em um Supremo Inventor, sem a menor reserva. Terá que entregar-se de corpo e alma a Deus. Decidir-se sempre com um propósito firme de não vacilar diante de obstáculos. Agir com fé em qualquer circunstância. Saber, por convicção íntima, que o incomensurável universo possui um Criador que tudo vê e governa. Confiar que no nosso íntimo reside o grandioso poder do Pai-Deus Universal e fazer Dele o ponto de apoio, com fiel amor e sinceridade. Assim, nada nos faltará.

Com este desejo de mantermos o universo do nosso ser em contato com o Supremo Inventor — Criador de tudo, fazemos do nosso miniuniverso o nosso templo para orarmos e permanecermos em ligação una com todas as forças de criação universal. Somente quando reconhecermos Deus em todo o nosso ser, seremos libertados de todas as infelicidades, obstáculos e preocupações. Mesmo quando tudo pareça em trevas, segundo o mestre Masaharu Taniguchi, "não haverá nenhuma preocupação, nem temor, se reconhecermos que dentro de nós existe uma força infinita". O grandioso universo está a nos proteger pela fiel ligação que nos une à vida universal, que se aloja em nosso íntimo. Portanto, onde quer que você esteja, mantenha o templo do seu ser em vigilância e em constante oração. Acredite em Deus com fé inabalável, que todos os seus sonhos, sendo para o bem, serão concretizados e você será sempre feliz!

Defender o Bem Contra o Mal

O mal é fruto exclusivo do erro e da ignorância humana.

Quando um otimista toma atitudes severas é porque está defendendo o bem contra o mal.

O otimista não tolera injustiças, escravidão de espécie alguma, servilismo, abusos, vadiagem, vícios, e outros males que corroem a dignidade e a personalidade humanas. Na defesa de valores mais altos, procura ser severo, sem ser cruel; justo, com repreensões que melhorem a espécie. Procura a todo custo elevar o ser humano a todas as dimensões sadias, prósperas e felizes da vida. Defender o bem contra o mal terá que ser a meta prioritária do otimista esclarecido e competente.

Quem tolera o mal é cúmplice também.

Você não precisa destruir aquele que é portador do mal, mas pode evitar que esse maldoso dissemine seus pervertidos instintos contra os indefesos.

Para ser otimista, você terá que curar-se do sentimentalismo doentio e crônico.

O otimismo decepa o mal pela raiz.

Não dá voltas em torno do problema, elimina-o de uma vez por todas.

Se alguém quiser subir na vida material, moral e espiritual, terá que esforçar-se e esse esforço terá que ser utilizado para o bem de si e de todos. Para praticar o bem, terá que estar distante do mal em pensamentos, atos e palavras. O otimista, em suma, é um fiel defensor do bem. O mal são trevas. Contra a luz, não há escuridão!

Aviso

Prevenção contra o fracasso:

Neste local estamos todos dedicados ao trabalho.

Não traga: tristeza, desânimo, fofocas, rancores, violência, vaidade, falta de fé, mêdo, vício, incompetência, moleza, receios, mentiras, desonestidade e outros males.

Seja gentil: não nos perturbe. Você está fora dos nossos planos.

União Universal dos Otimistas.

Esclarecimento

Toda pessoa que se identificar com os princípios básicos apresentados nestas obras deverá, espontaneamente, estudálas, cultivá-las e difundi-las, sem condicionamentos, sejam eles o tradicionalismo religioso ou político, os preconceitos sexuais ou raciais. A essência de tais princípios deverá propagarse de maneira simples e sadia, sem fanatismos nem demagogias, construindo e multiplicando o lado bom da existência, conscientizando a família humana, cada vez mais, de suas reais potencialidades em todas as dimensões da vida — a vida que foi doada à espécie pela Natureza, sem a menor reserva, para a evolução contínua, para a eterna ascensão.

Nestas obras se fixa um horário para a Corrente do Otimismo Para a Paz Universal. Em mentalização maciça, devem unir-se as mentes de todos os adeptos num pensamento único — a Paz. A mentalização será feita às 6:00 h, às 12:00 h, às 18:00 h e às 24:00 h, diariamente, numa multiplicação que se estenderá por todas as dimensões da Natureza, onde haja vida em nascimento, em crescimento e em evolução, fortificando e beneficiando a tudo e a todos, em corrente sadia e positiva.

Promessa do iniciado

O iniciado à "União Universal dos Otimistas"não faz juramentos, mas promete a si mesmo cumprir os preceitos de responsabilidade e trabalho honesto, para concretizar o perfeito pensamento que gera otimismo em quaisquer circunstâncias. Incentivar o colega, motivando-o a comentar o bem e ser exemplo na ação. Quando não for possível na ação, em última instância, na intenção e no sadio e altruístico pensamento de boa qualidade e valor.

Os adeptos da União Universal dos Otimistas possuem o maior templo de oração do mundo: o Universo do seu próprio ser.

Corrente otimista para a paz universal

Mentalização em circuito

Você é o templo onde se inicia a corrente otimista para a paz universal, tornando-se melhor e maior.

6 horas — Mentalização — unidos pelo divino circuito da prece.

O melhor tempo — agora.
O maior poder — a fé.
O melhor negócio — o trabalho.
O melhor caminho — o bem.
O melhor dos amigos — Deus.

12 horas — Mentalização — unidos pela reflexão, no trabalho espiritualizado.

Na profissão — diligência.
Na atividade — serviço.
No progresso — elevação.
Na conduta — sinceridade.
Na conversa — proveito.

18 horas — Mentalização — unidos pelo verdadeiro amor.

No estudo — aplicação.
No raciocínio — visão.
Na liberdade — disciplina.
No conselho — exemplo.
No lar — harmonia.

24 horas — Mentalização — unidos em silêncio, na mais íntima paz universal.

Na afeição — equilíbrio.
Na ofensa — perdão.
Na tentação — resistência.
No sexo — responsabilidade.
No repouso — dignidade.

Mentalize: milhões de pessoas pensando na felicidade de todos e vivendo a essência da vida — o amor puro, sadio e criador!

Importante:
Coloque mais uma pessoa diariamente, na corrente otimista para a Paz Universal!

Conselhos otimistas

1. Renovar a mente e purificar o coração.
2. Trabalhar. O trabalho afasta a necessidade, imunizan-

do-nos contra o mal.

3. Acreditar no bem. Toda treva se esvai perante a Luz de Deus.

4. Como combater o mal: trabalhando para o bem!

5. Meditação é ligar mente e coração com o infinito e divagar até desprender-se por completo do condicionamento mundano.

6. "No início, faça o imprescindível; depois, o possível e de repente estará fazendo o impossível"

São Francisco de Assis

Revelação divina ao otimista

A grande revelação divina na vida do otimista dá-se quando ele desperta para o lado bom da vida, com propósitos firmes; quando suas ilusões mundanas morrem normalmente; quando ele deixa de ser um mero joguete nas mãos de perversas organizações que exploram os desesperados, os incautos, que vivem buscando fora o que se encontra dentro de si mesmos. A "União Universal dos Otimistas" propõe-se a esclarecer aos seus adeptos que lhe são filiados, todas as dimensões dos poderes individuais. Quando uma pessoa deixa de sonhar, deixa de pensar vagamente e dedica-se, de corpo e alma, a vibrar sagradamente, a revelação de toda a verdade sobre a vida virá mesmo.

Desaparecerão todas as dores, todas as aflições se desvanecerão.

Para receber essa revelação divina, você terá que acreditar nos reais poderes que Deus lhe deu e que estão adormecidos dentro de si. Você está morrendo de sede dentro do imenso oceano.

A vitória da vida

Pobre de ti, se pensas ser vencido!

Tua derrota é caso decidido.

Queres vencer, mas como em ti não crês,

Tua descrença esmaga-te de vez.

Se imaginas perder, perdido estás.

Quem não confia em si, marcha para trás;

A força que te impele para a frente

É a decisão firmada em tua mente.

Muita empresa esboroa-se em fracasso

Inda antes do primeiro passo;

Muito covarde tem capitulado

Antes de haver a luta começado;

Pensa em grande, e os teus

feitos crescerão;

Pensas em pequeno e irás depressa ao chão.

O querer é o poder arquipotente.

É a decisão firmada em tua mente.

Fraco é aquele que fraco se imagina,

Olha ao alto e que ao alto se destina.

A confiança em si mesmo é a trajetória

Que leva aos altos cimos da Vitória.

Nem sempre o que mais corre a meta alcança.

Nem mais longe o mais forte o disco lança.

Mas o que, certo em si, vai firme e em frente

Com a decisão firmada em sua mente...

OTIMISMO & FELICIDADE
Lauro Trevisan
Formato 14 x 21
Editora e Distribuidora da Mente
Tel. (055) 221-6020
Santa Maria, RS
(Ver pág. 125)

Otimismo e Felicidade

LAURO TREVISAN

Aquela vez que o otimismo encontrou-se com a felicidade

Numa esquina qualquer da vida, encontraram-se o Otimismo e a Felicidade. Como não poderia deixar de ser, foi momento festivo, com altos toques de energia positiva.

Pareciam um casal em perfeita comunhão de sentimentos.

Animados até a ponta dos cabelos, ambos esbanjavam sorrisos.

— Como vai? — perguntou o Otimismo.

— Cada vez mais feliz e otimista — respondeu exultante a Felicidade — E você?

— Cada vez mais otimista e feliz — sorriu o Otimismo.

— Até parece que somos a mesma coisa — brincou o Otimismo.

— A mesma coisa, não digo. Mas, sem dúvida, somos irmãos gêmeos.

— No fundo, no fundo — considerou o Otimismo — todo otimista é feliz. Sim, porque o otimista acredita em si, na vida, no sucesso, na felicidade, na sua potencialidade, e seu alto astral o faz sentir-se bem consigo mesmo e com o universo.

Ao quê, avançou a Felicidade:

— E toda pessoa feliz é otimista, pois, ao sentir-se bem consigo mesma, com o universo, com a humanidade e com Deus, está otimizando ao máximo sua vida.

— Tenho a impressão, no entanto — filosofou o Otimismo — que a pessoa otimista tem a vida mais ampla do que a pessoa feliz.

— Por quê? — reagiu a Felicidade.

— Porque a felicidade tem a ver com o dia de hoje, ao passo que o otimismo é hoje e mais amanhΔ. Ninguém pode ser otimista sem acreditar positivamente no futuro.

— Mas a felicidade não pode existir se sobrar na mente qualquer negativismo do passado ou referente ao futuro. Felicidade é luz e a luz não admite trevas. A felicidade abrange o todo da mente e o todo da mente compreende o passado, o presente e o futuro. Só que o passado e o futuro se desfazem sob a ação da luz da felicidade atual.

— Reconheço — apressou-se o Otimismo — a dimensão plenificante da Felicidade, tanto que sou otimista feliz. Mas desejo acentuar que o otimismo é o caminho do progresso e da evolução.

— Explique melhor — solicitou a Felicidade.

— Todo otimista cria desejos e projetos e acredita que se tornarão realidade. Se não acreditasse na materialização dos projetos, não seria otimista, mas pessimista. Como, pelo Poder da Mente, todo projeto acreditado infalivelmente se concretiza, fica claro que o otimismo é o caminho do progresso e da evolução.

— Isto é verdade — consentiu a Felicidade, — Como, porém, a felicidade é a essência do ser humano, eu sou a razão de ser da pessoa. Cada qual é o que for a sua mente: Mente feliz, pessoa feliz.

— Também é verdade — ponderou o Otimismo. — Mas, sem realizações, a vida e o indivíduo não vão para a frente.

— E sem felicidade a pessoa também não avança. Pelo contrário, se esvai em depressão, desânimo e frustrações.

A Felicidade silenciou por instantes, colocou a mão direita no queixo, e confidenciou;

— Meu caro Otimismo, permita-me fazer-lhe uma reflexão, tão comum entre as pessoas sofridas, que enfrentam enormes dificuldades. Dizem que o otimista é um sujeito fora da realidade, um sonhador estéril; pensa em churrasco enquanto rói osso duro; sonha com casa própria, mas vive debaixo de uma ponte; imagina-se num carrão do último grito, mas bate sola de sapato pelas estradas da vida. Que acha disso?

— É que são poucos os que conhecem as leis que regem a vida humana. Uma coisa é sonhar sem acreditar na realização e outra coisa é sonhar e acreditar que todo sonho pode e deve tornar-se realidade. Esta é a diferença que faz a diferença. Uns usam a palavra apenas para expressar a realidade e outros usam-na para criar a realidade. A sabedoria está em saber que o mundo exterior nada mais é do que a materialização do mundo interior. Portanto, é necessário que se crie antes na mente aquilo que se deseja realizar. Isto faz o otimista. O legítimo otimismo é o caminho dos sábios.

A Felicidade ouviu tudo atentamente e deu razão ao Otimismo.

— Concordo com você. Assim como a felicidade nasce na mente e se expressa na vida, da mesma forma o otimista cria na mente o que espera realizar-se na sua vida.

— Agora — retornou o Otimismo — quero fazer-lhe a observação que mais freqüentemente se ouve por aí a respeito de você. Falam que a felicidade não existe. Há filósofos, poetas, escritores, e até teólogos, que sustentam que a felicidade não existe. Entendem que a vida é cheia de sofrimentos, de carências, de privações, de desgraças, de desenganos e isso é incompatível com a felicidade, já que não pode haver um infeliz feliz.

Ambos riram.

E o Otimismo saiu-se com esta:

— Faz-me lembrar o caso do dr. Lamentácio Davi da Marga, da cidade de Urucubaca, que se exclamava desolado: "Ai meu Deus, não devo ser infeliz e não consigo ser feliz!

— O fato é que muitos procuram a felicidade nos fatores externos a si, como a casa, o dinheiro, o carro, a compreensão dos outros, a bondade alheia, a pessoa bonita, assim por diante. Tendo em vista que é difícil ter domínio sobre o mundo exterior, frustram-se a toda hora. Felicidade, porém, é estado mental. Como somente a própria pessoa tem acesso à sua mente, a felicidade depende única e exclusivamente de si mesmo. Basta criar na mente o estado de felicidade e o subconsciente reagirá de acordo. Este é o caminho simples e fácil da felicidade do ser humano. Indiscutivelmente, cada um é o que é sua mente. A vida humana se expressa através da mente. Logo, mente feliz, vida feliz. Simples.

— Ainda que mal comparado — acrescenta o Otimismo — é como aqueles que olham para o céu em dia de chuva e concluem que o sol não existe.

— Assim como há aqueles que dizem otimistas e se queixam que as coisas estão dando certo.

— Eu sei disso — consentiu o Otimismo. — São que nem os valentões que blasonam por aí: "Eu não acredito em bruxas, mas que elas existem, existem!"

Batendo no ombro da Felicidade, continuou o Otimismo:

— Otimismo não é questão de sorte, como pensam certas pessoas. Trata-se do cumprimento da Lei pela qual todo pensamento acreditado se torna realidade física.

A Felicidade aproveitou a deixa:

— O mesmo ocorre com a felicidade. Também é o cumprimento da Lei pela qual todo pensamento de felicidade, desde que unívoco, produz a felicidade.

— É por isso que toda pessoa feliz é otimista — sentenciou o Otimismo.

— E é por isso que todo o otimista é feliz — completou a Felicidade.

O otimista e o pessimista

O sujeito chegou numa livraria e perguntou:

— Vocês têm o livro *O Otimista*?

Ao quê, a vendedora quis saber:

— É de ficção?

Para muitos, que vivem debaixo do mau tempo, otimismo não passa de ficção.

Como ser otimista — pensam eles — num mundo tão conturbado?

Outros exclamam, com rosto de calamidade pública:

— É impossível ser otimista nesta situação, que está mais para urubu do que para colibri.

Precisamente nesses momentos de inconsciente coletivo obscuro é que, mais do que nunca, se faz necessário ser otimista.

O otimista sempre acredita em milagre. Porque sabe que ele existe.

O grande estadista israelense David Ben Gurion disse, certa vez: "Quem não acredita em milagres não é realista".

Todos aqueles que venceram na vida, os que transformaram a derrota em vitória, o fracasso em sucesso, a doença em saúde, a pobreza em riqueza, o impossível em realidade, tiveram uma coisa em comum: eram otimistas. Sem otimismo, jamais teriam superado os contratempos.

O verdadeiro otimista é um sábio.

Sim, porque sabe que, para onde conduzir seus pensamentos, para essa direção correrá necessariamente a vida.

O pessimista filosofa em cima de uma situação negativa, tentando provar a todos que as suas desgraças são insuperáveis.

O otimista toma a realidade negativa como ponto de partida para a marcha da vitória.

O pessimista morre no primeiro insucesso; o otimista tem certeza que tudo é degrau para a escalada do sucesso.

O otimista é o verdadeiro homem de fé: acredita que sempre chega aonde deseja.

O pessimista diz que a esperança é a última que morre, mas acrescenta que já morreu.

O otimista é sempre vitorioso, porque é um clarividente que enxerga, além do infinito, a realidade positiva desejada.

O famoso pensador romano Marco Aurélio disse: "Não penses que tudo que não realizaste seja irrealizável. Pois, se uma coisa já foi realizada por outrem, por que te julgas incapaz de consegui-la?"

A diferença entre o vencedor e o perdedor está apenas no pensamento.

A cada um dar-se-à de acordo com seu pessímismo ou otimismo; de acordo com sua fé ou descrença.

— De que vale ser otimista e nada fazer para chegar lá? — indagará você.

O otimista sábio tem certeza que a sua palavra definida e definitiva move céus e terras para produzir o resultado correspondente.

O otimista não é aquele que apenas põe açucar no café, sem mexer. O otimista adoça o café e o mexe, quer dizer, mexe-se com fervor e fé inabalável até conseguir o resultado pretendido. Sabe que este vem infalivelmente, por isso não se liga na situação real e sim na realidade buscada.

Para o otimista, pensamento, fé e realidade são uma coisa só.

Aí é que está a sabedoria.

A essência da felicidade

O filósofo Schopenhauer escreveu que "a nossa felicidade depende mais do que temos nas nossas cabeças do que nos nossos bolsos".

Rui Barbosa fez esta declaração: "A felicidade está dentro de nós. A infelicidade está fora, e somos nós que a vamos procurar".

Confúcio, certa vez, expressou-se assim: "O homem será feliz se souber encontrar o céu dentro de si".

La Rochefoucauld trouxe mais uma luz em torno de assunto tão vital: "Quem não encontra a felicidade em si mesmo, é inútil procurá-la em outra parte".

Aristóteles, o famoso filósofo grego, que viveu há dois mil anos, escreveu: "A felicidade não se encontra nos bens exteriores".

Já que estamos na base de citações, veja esta de Marco Aurélio, considerado o mais sábio da Roma Antiga: "A felicidade do homem depende de si mesmo".

Mais uma, de Paul Valéry: "Homem feliz é aquele que, ao despertar, se reecontra com prazer, se reconhece como aquele que gosta de ser".

Certa vez, a escritora Françoise Sagan comentou: "Para mim, a felicidade é, antes do mais, sentir-se bem".

Todos estes pensadores citados são unânimes numa coisa: Felicidade é estado interior, está dentro e se manifesta de dentro.

O próprio Jesus fez a mesma consideração, quando disse: "O reino dos céus está dentro de vós mesmos".

Primeira conclusão: Felicidade é estado mental. Ora, sendo estado mental, somente você pode fazer você feliz, porque somente você tem acesso à sua mente.

Segunda conclusão: Já que felicidade é estado mental, você pode e deve ser feliz independentemente de qualquer situação exterior. Isto quer significar que não é propriamente uma casa bonita e grande que faz a sua felicidade; nem mesmo um carrão do último grito; nem ainda uma inesgotável conta bancária; nem sequer um prestigioso cargo político; nem o fato de ser autoridade civil, eclesiástica, judiciária, pedagógica, legislativa ou militar; nem uma viagem às ilhas Paraíso. Tudo isso pode ajudar você a criar e manter pensamentos de felicidade na mente, mas por si só não faz a felicidade. Aliás, você mesmo conhece gente que vive em mansões e é infeliz; que tem carro importado e se suicidou; que tem bilhões a seu dispor e está preso na escuridão de sua depressão; que tem elevado cargo ou função pública, bem como muita fama, e, contudo, é tremendamente desgraçado.

Mas não vá concluir apressadamente que, para ser feliz, não se deve ter casa confortável, nem carro do último modelo, nem grossa conta bancária, nem cargo político ou função prestigiosa de qualquer natureza, bem como não ser famoso e nem viajar.

Uma coisa não exclui a outra automaticamente. Simplesmente independe. Para uns ajuda, para outros atrapalha. Sim, porque felicidade é sentir-se bem consigo mesmo, com a humanidade, com o universo e com Deus. Esta realidade é efeito da mente. Apenas da mente. Daí que Rui Barbosa tinha razão quando dizia que a felicidade está dentro de nós, mas equivocou-se ao afirmar que a infelicidade está fora. Também esta nasce dentro e se processa dentro.

Filosofias e teologias à parte, seja você feliz hoje, amanhã e sempre.

O pessimista desce, o otimista sobe

A minúscula semente de eucalipto tem o poder de produzir a gigantesca árvore do eucalipto ou é Deus que vem pessoalmente fazer crescer à árvore do tamanho que ele quer?

A semente do eucalipto contém o eucalipto?

É possível que a semente do eucalipto produza um pé de guanxuma?

São perguntas singelas que podem elucidar de certa forma alguma coisa em torno do Poder da Mente.

É a mente que cria alguma coisa ou é Deus que cria algo através da mente?

É Deus que executa o conteúdo da mente ou é a mente que age baseada em princípios que lhes são inerentes?

Há pessoas super-religiosas que dizem: "Que poder da mente que nada, é Deus que age nas pessoas!"

Deus criou o mundo e a humanidade e estabeleceu Leis superiores através das quais funciona o mundo e o ser humano.

Muitas das Leis que regem o universo já são conhecidas, como a lei da gravidade, a lei da atração dos corpos, certas leis da física, da química, da eletrônica, da astronomia, assim por diante.

A criatura humana também se rege por Leis criadas por Deus.

Assim como qualquer pessoa que ligue corretamente a eletricidade numa lâmpada, esta acende (não importa se a pessoa é atéia e a lâmpada tenha sido fabricada por um bandido), da mesma forma toda pessoa que usar corretamente as leis que regem a vida humana, o resultado nunca pode falhar.

Uma das Leis que regem o ser humano é que todo pensamento unívoco produz a realidade do conteúdo do pensamento. Nesse caso, dizer que é Deus que realiza o conteúdo do pensamento, ou dizer que o pensamento produz a realidade do seu próprio conteúdo, ou afirmar que a mente — criadora do pensamento — torna o pensamento realidade física, no meu entender é irrelevante.

Indiscutivelmente, o único caminho pelo qual se pode chegar a Deus é através da mente, já que qualquer oração ou meditação é feita pela mente.

As Leis funcionam sempre que sejam colocadas corretamente as premissas correspondentes, independentemente de méritos, de moral, de conduta ética. O mérito, a moral e a ética têm razão de ser por considerações outras que não vêm ao nosso caso.

Quer se fale em Poder da Mente ou em Poder de Deus através da mente, os resultados são idênticos. Tanto que escrevi o livro *O Poder Infinito da Sua Mente* tratando do tema segundo a ciência do Poder da mente; e escrevi o livro O Poder Infinito da Oração tratando a mesma verdade pelo enfoque da religião.

Lembre-se: Uns dizem que o ser humano é nada mais que pó da terra, outros dizem que é da dimensão divina. Você é quem faz a diferença.

Dizer que Deus age através de você e que você age pelo poder de Deus, faz diferença?

Acima de tudo, importa saber que o poder se manifesta em resposta à sua palavra interior, seja qual for a crença que você puser nessa verdade.

Mas, no final das contas, sobra uma grande diferença: O pessimista pensa que Deus é tudo e que ele é nada, pecado, pó da terra, grão de areia; o otimista vê-se da dimensão divina, imagem e semelhança de Deus, dono do universo, reconhece-se em comunhão com o Deus que habita o seu interior.

Esta é a diferença da gangorra: o pessimista desce; o otimista sobe.

O grande passo do sucesso

Há um segredo que faz a diferença entre os que muito conseguem e os que nada conseguem.

Quem tomar conhecimento do segredo e o colocar em prática, a vida mudará da água para o vinho.

Quando se vê tanta gente se queixando de Deus e todo mundo; outras tantas pessoas sentadas à beira do caminho em completo desânimo; outras mais vendo os seus dons e aptidões indo por água abaixo — tem-se a impressão que a vida é injusta, difícil, complicada, incontrolável e madrasta.

Nada disso. O que acontece é que a grande parte das pessoas não conhece o segredo mais óbvio do sucesso: SABER O QUE QUER.

Parece piada, mas cansei de ouvir indivíduos que se lastimam amargamente de nada terem ou de nunca progredirem na vida e, no entanto, não sabem o que querem. Alguns até são capazes de desandarem verdadeiros arrazoados filosóficos, sociológicos, ideológicos e todos os demais ógicos possíveis e imaginários sobre a sua situação escabrosa e sobre os desenganos do mundo, mas, ao fim e ao cabo, não sabem o que querem.

A boa vontade, às vezes, é do tamanho daquela de Rabelais, que deixou consignado no seu testameno: "Devo muito, nata tenho e deixo o resto para os pobres".

Tem gente que passa o dia inteiro imaginando uma fórmula de indireitar banana ou fazer caranguejo andar direito, mas não sabe o que quer da vida.

Conheci um sujeito que passou dez anos estudando o sexo

dos anjos, mas aqui na terra não sabia o que queria da vida.

Antes de abrir a boca para reclamar do que estou escrevendo, responda-me depressa: Qual é o seu projeto de vida? Mas não cometa a genialidade de ficar falando oito horas sem parar até encontrar uma idéia para responder à pergunta.

Se você está deprimido, ao invés de ruminar as causas do péssimo astral, diga o que deseja que lhe aconteça de bom daqui para frente.

Se você fracassou, lembre-se que os dias não retornam: pergunte-se qual é a sua meta a partir de agora.

Se acabou de formar-se na universidade e não sabe onde enfiar o canudo e o que fazer, use um dia inteiro de meditação para traçar os planos a serem alcançados a curto e médios prazos.

Quando você determinou, em apenas uma frase, o que pretende, pode ter a certeza de que fez o principal. Sua mente consciente e subconsciente trabalharão nessa direção e todas as forças humanas e divinas se conjugarão para levar o seu projeto a bom termo.

Ao definir clara e sumariamente o que quer, você acendeu o motor mais possante e poderoso que o levará ao resultado buscado.

Agora abanque-se por aí mesmo, relaxe, concentre seus pensamentos e trate de determinar os três objetivos mais importantes da sua vida. Não perca tempo nas dificuldades e empecilhos que serão interpostos pela mente consciente. Proclame o que quer. Sem volta. Sem medos. Sem mas, nem més. Nunca mais tire da mente esses objetivos. Dormirão com você, acordarão com você e passarão o dia com você.

Por fim, diga: Assim é e assim será.

Não poderá ser diferente.

Sua fé e otimismo farão o principal.

Os dez mandamentos do otimismo

1. Reconhecer e amar sempre o lado otimista da vida.

2. Crer que o otimismo é o melhor caminho do sucesso.

3. Guardar otimismo na mente em todos os momentos do dia.

4. Honrar sempre a verdade de que o pensamento otimista produz a realidade correspondente.

5. Saber que o otimismo reverte qualquer circunstância negativa e prejudicial.

6. Manter a mente, o coração, o corpo e a vida em estado de otimismo puro.

7. Buscar otimismo onde quer que exista.

8. Dar testemunho sincero

e leal de otimismo a todas as pessoas.

9. Não invejar o otimismo dos outros, porque ele existe em toda pessoa e será expressado pelo seu pensamento.

10. Ser otimista hoje, aqui, agora e sempre.

Há um general De Gaulle na sua cabeça

Depois da primeira guerra mundial, os franceses mandaram construir uma parede de aço, concreto e arame farpado, diante da fronteira alemΔ, com a finalidade de defender o país contra um possível ataque da Alemanha. Esta linha de defesa chamou-se Linha Maginot.

O General Charles De Gaulle observou que o exército francês estava cometendo um erro: imaginar que uma segunda guerra mundial seria travada nos mesmos moldes que a primeira. E avisou os líderes militares que, na próxima guerra, a Linha Maginot seria inútil, pois a Alemanha atacaria a frança pela Bélgica.

De Gaulle escreveu um livro dizendo que as próximas guerras seriam decididas pela velocidade dos motores a gasolina, que acionariam carros blindados, tanques e aeroplanos a uma velocidade até então inimaginável.

Acontece que os militares franceses receberam as idéias de De Gaulle com desprezo, a tal ponto que o General Petain declarou a obra de De Gaulle como um livro de piadas. O General Weigand criticou De Gaulle, perguntando onde conseguiriam organizar dez divisões motorizadas e onde encontrariam tantas fábricas para construir tantos tanques? E indagava como esses tanques seriam abastecidos nos campos de batalha. E como lutariam nas matas e na lama.

Para os franceses, o livro do General De Gaulle era fantasia, idiotice e até mesmo pernicioso ao país. Mas, não para os alemães. Leram o livro do General, estudaram-no e o colocaram em prática. Segundo consta, De Gaulle ensinara aos nazistas tudo o que sabiam a respeito da guerra mecanizada. As divisões Panzer nasceram dessa idéia e o resultado foi que, em quarenta e um dias, cem mil alemães, com tanques e aviões, derrotaram um exército francês de cinco milhões de homens.

Mas, afinal, por que estou eu contando este episódio, que já se perde nos anais da História?

Para mostrar a você — que tem acentuada tendência a se prender a uma estrutura do passado — que é bom prestar atenção quando surgem idéias novas, descobertas revolucionárias, invenções aparentemente impossíveis. Não seja irredutível e hermético a toda idéia nova trazida ao mundo. Também não estou dizendo que seja maria-vai-com-as-outras. A melhor atitude é fazer como fizeram os alemães: ler, estudar, analisar e, se possível, tentar pôr em prática. Diante de resultados favoráveis, seguir por esse caminho, procurando aperfeiçoar cada vez mais.

Conheço pessoas que, em face de qualquer inovação, já se posicionam contra. Não ouvem, não verificam, não lêem, não estudam, mas são contra. Esta é uma atitude irracional, radical, fanática.

Siga você os caminhos da vida com bom senso, com espírito crítico, mas aberto.

Assim, você se beneficiará dos avanços do mundo e caminhará na crista da humanidade, utilizando-se de tudo o que de bom for criado, inventado ou descoberto.

Lembre-se: Um dia os cientistas diziam que era impossível chegar na lua. Mas foi graças à capacidade de mudar de idéia que o conseguiram. Mude sempre para melhor. Seja otimista.

Mentalizações de Otimismo e Felicidade

Saber e ser não andam necessariamente de mãos dadas. Há pessoas que sabem muito sobre otimismo e felicidade e, no entanto, vivem distantes dessas duas qualidades.

Você pode saber tudo sobre automóvel e, entretanto, andar a pé.

Saber, porém, é um passo sumamente importante, porque não é possível amar ou querer o que não se conhece.

Até aqui você dedicou-se primordialmente a saber sobre otimismo e felicidade.

Agora é preciso abrir caminho para a prática dessas qualidades.

A ciência do Poder da Mente ensina que a mente tem duas funções ou características fundamentais: Mente consciente e mente subconsciente.

A mente consciente é criadora, racional, analítica, objetiva. Produz os pensamentos, os desejos, as idéias, as palavras, as imagens, os sentimentos, as alegrias, as angústias, as mentalizações, as orações, as fórmulas, os projetos, os ideais, as metas, as coisas boas e as coisas ruins.

A mente subconsciente tem por fim executar o conteúdo dos pensamentos e determinações emanados da mente consciente.

A mente consciente age e a mente subconsciente reage de acordo.

O subconsciente, portanto, é o executivo, o cumpridor das ordens oriundas da mente consciente.

A mente consciente conhece, sabe, proclama, ordena; o subconsciente cumpre.

É indispensável, pois, que seus conhecimentos sobre otimismo e felicidade alcancem o subconsciente para tornarem-se realidade vital.

A fé é o processo infalível que funde numa única unidade o pensamento e a realidade.

Pedi e recebereis — ensina o Mestre. O pedido acreditado e o recebimento, neste caso, são uma coisa só.

Conhecimento sobre otimismo e felicidade você já os tem.

Desejo de ser otimista e feliz também existe em você.

É necessário, neste momento, que o conhecimento e o desejo tornem-se realidade existencial.

Se lhe falta a fé de que assim é e assim será, utilize algum método que consiga sensibilizar o subconsciente a ponto de fazê-lo aceitar a sua mensagem positiva e otimista como verdade da sua vida.

A imaginação é método muito forte.

A repetição também é método infalível.

A mentalização em nível alfa é ideal para que a sua palavra seja a sua verdade; a sua verdade será sempre a sua realidade.

Antes de tudo, relaxe

Para que a sua mentalização de otimismo e felicidade alcance as dimensões poderosas da mente subconsciente, contando com sua divindade e com seu poder interior, nada melhor do que encontrar um ambiente tranqüilo, silencioso, onde possa descansar o corpo e a mente.

Se possível, ligue uma música calma, positiva, clássica, ou tipo "à luz da oração".

Relaxe bem o corpo.

O relaxamento do corpo é importante, por três razões: primeiro, porque torna-o receptivo e sintonizado à mensagem; segundo, porque estabelece condições ideais para a livre ação da mente; terceiro, porque liberta as tensões, descongestiona os órgãos, oxigena o sangue, elimina toxinas, otimiza a ação dos aparelhos circulatórios, respiratórios e digestivos.

Na medida em que a pessoa relaxa, a ciclagem cerebral vai baixando até atingir uma média de 14 a 10 ciclos por segundo, ritmo ideal para o exercício do poder da mente. A essas condições ideais dá-se o nome de Nível Alfa.

Chega-se ao Nível Alfa pela oração, ou pela meditação, ou pela contemplação, ou pela paz de espírito, ou pela calma, ou pela concentração, ou pelo relax.

Assim como num rio as agitações da água e as correntezas acontecem na superfície e nas profundezas jaz a calmaria, também pode-se dizer que à medida que você desce às profundezas da mente estará entrando em contato com a calma, a paz, o positivismo, a saúde, a energia e a sabedoria. Esta é o habitat da verdade e a verdade é atributo divino, o que faz supor que você está na morada de Deus, no secreto onde habita o Pai, como ensinou Jesus. Este é, na linguagem da religião, o templo do Espírito Santo, a região Crística. Segundo o falar leigo, aí você contacta com o Eu Superior, com o Superconsciente, com o Eu Maior, com o Poder e a Sabedoria. Sua palavra, neste estado interior, adquire a força do "faça-se".

Mentalização do otimismo

Coloque-se numa posição confortável. Relaxe o corpo. Sinta-se bem. Feche os olhos.

Respire profundamente e, ao exalar o ar, mentalize saúde, saúde, saúde.

Respire profundamente mais uma vez e, ao exalar o ar, mentalize paz, paz, paz.

Respire profundamente e, ao exalar o ar, mentalize amor, amor, amor.

Respire profundamente ainda mais uma vez e, ao exalar o ar, imagine-se em contato imediato com o Poder Infinito, com o Pai que habita o seu secreto...

Concentre sua atenção no couro cabeludo e relaxe-o. Relaxe a testa; as pálpebras dos olhos; o rosto; a garganta e o pescoço; os pulmões; o coração; o estômago; o duodeno; o fígado; os rins; o baço; o pâncreas; os intestinos; a coluna vertebral; os quadris, as coxas; os joelhos; as pernas; os pés; as costas; os ombros; os braços; as mãos; as glândulas; os ossos; o sangue; os nervos; os músculos; a pele. Sinta o corpo todo bem solto, leve, flutuante.

Concentre-se na sua mente; jogue fora todos os pensamentos negativos e pessimistas e imagine sua mente límpida como a fonte cristalina das montanhas.

Concentre-se no coração afetivo, sede dos seus sentimentos e emoções, e desligue todos os males e sofrimentos do coração, imaginando-o cheio de amor e felicidade.

Agora imagine-se maravilhosamente bem, em contato com o Poder Interior, e mentalize assim:

"A cada dia eu sou mais e mais otimista.

Crio meus projetos, minhas metas e meus ideais e acredito na realização de todos eles.

Sou confiante em mim mesmo, seguro de mim e muito positivo.

Sei que todos os acontecimentos me conduzem para o melhor.

Acredito que Deus habita o meu íntimo e me guia divinamente.

Sei que tudo o que crio na mente, com fé, acontece, por isto sou sempre positivo.

Sou alegre e despreocupado, porque sei que conduzo a minha vida para aonde eu quiser.

Dificuldades e contratempos não me atingem, porque tenho certeza que a minha fé remove montanhas.

Minha saúde está cada dia melhor e melhor.

A felicidade habita o meu coração.

Sou otimista porque sei que os meus desejos se tornam realidade.

Para mim o amanhã não é nada mais do que o hoje de ontem, daí que sou dono da minha vida. Conduzo os meus passos e sei que sempre chego onde pretendo chegar.

Irradio luz, confiança e otimismo para todas as pessoas.

Minha vida é uma festa.

Sou verdadeiramente otimista, muito otimista.

Assim é agora. E sempre."

Relaxe. Descanse. Sinta-se maravilhosamente bem. Abra os olhos.

Mentalização da felicidade

Coloque-se numa posição confortável. Relaxe bem o seu corpo.

Respire profundamente quatro vezes, como no ritual anterior.

Agora, tal como o fez para a mentalização do otimismo, concentre-se em cada parte do corpo e relaxe. Em seguida, concentre-se na mente e no coração afetivo, limpando-os de todo mal e imaginando-os iluminados e positivos.

Faça a seguir, estas afirmações benéficas de felicidade:

"A cada dia me sinto mais e mais feliz.

Liberto-me definitivamente de todo passado negativo e infeliz.

Sei que felicidade é estado mental e compreendo que somente eu posso fazer a minha felicidade.

Aceito na minha mente apenas mensagens positivas e de felicidade.

Sinto-me maravilhosamente bem comigo mesmo, com a humanidade, com a natureza, com o universo e com Deus.

Amanheço feliz, passo o dia feliz e abençôo a noite agradável e benfazeja que vou viver.

Sorrio para mim e deixo que o meu sorriso se irradie para todas as pessoas.

Nada me perturba e nada obscurece a minha felicidade: o passado não existe; o presente e o futuro eu os faço felizes.

A alegria é minha companheira inseparável.

Gosto de rir, de brincar, de levar alegria às pessoas.

Sou luz, energia e alegria para os deprimidos.

Sou simpatia, gentileza e bondade para mim e para os outros.

Sei que primeiro eu devo ser alegre, sorridente e feliz, pois só assim poderei transmitir essas vibrações ao próximo.

Eu sou feliz e a minha felicidade é energia poderosa que fortalece a minha saúde.

Eu sou feliz, por isso estou no reino dos céus interior.

Eu sou feliz e, para mim, a vida é uma festa.

Assim é agora. E sempre."

Relaxe o corpo. Respire profundamente. Abra os olhos.

E seja muito otimista e feliz.

O PODER DO OTIMISMO
Normant Vincent Peale
Formato 14 x 21
256 págs.
Editora Cultrix
Tel. (011) 272-1399
São Paulo
(Ver pág. 128)

Otimize-se

NORMAN VINCENT PEALE

Goste de sua Própria Pessoa

Ele não tinha idéia do que iriam atirar-lhe em cima, quando abriu a porta. Nem de leve estava preparado. Mesmo assim, enfrentou o caso satisfatoriamente, embora auxílio de emergência fosse necessário. Aquele jovem pastor e a sua ainda mais jovem e recente esposa, tinham mudado para uma reitoria rural, havia apenas três dias. Tratava-se de diminuta vila, e sua igreja era um edifício branco, pequenino, com o modesto presbitério logo vizinho. O jovem casal estava exatamente sentando-se para o jantar quando a campainha da porta tocou.

O visitante, homem que aparentava trinta e cinco anos, dava uma impressão tipicamente Avenida Madison e clube de campo. Seu alfaiate, era evidente, sabia como instalar com habilidade um homem dentro de um costume que lhe assentava como uma luva. Largo de ombros e esbelto de cintura, era o que se poderia chamar um dos “dez mais”. Tinha um aspecto sofisticado que deveria torná-lo irresistível num coquetel. Parado junto ao meio-fio estava seu carro, um modelo estrangeiro, ousado, de linhas esportivas.

— O senhor não me conhece — disse ele. — Eu moro em... (e indicou uma cidade que não ficava longe) mas estou embaraçado, realmente embaraçado.

Seu rosto contraído sublinhava o que ele dizia.

— Tenho estado guiando em círculos durante horas, e sinto-me morto de cansaço.

O pastor convidou-o a entrar e ofereceu-lhe uma cadeira. Então, o visitante continuou:

— Preciso conversar com alguém que me compreenda e que seja cem por cento no manter em segrêdo uma confidência. Estou abatido, completamente vencido. Não há esperança, não há saída que eu veja. Posso mesmo dizer-lhe que o senhor é a minha última tentativa. Se não puder me ajudar vou liquidar comigo, se conseguir arranjar coragem para isso.

Que ele falava a sério era evidente, mesmo para um jovem pastor inexperiente.

— Como lhe aconteceu vir ter aqui? — perguntou este, procurando ganhar tempo, a fim de resolver sobre o caso em curso.

— Estive guiando o carro por aí, não sei por quanto tempo, e aconteceu-me ver a igreja. Não sei por que parei, a não ser... talvez... é que fui literalmente educado numa Escola Dominical e numa igreja, quando menino. Seja como fôr, tive vontade de parar.

— Que é que o está transtornando assim? — indagou o jovem pastor.

— Não sei, realmente... Estou terrivelmente deprimido, com ódio de mim mesmo. O caso é que estou tão infernalmente farto de mim que não me desejo ver nunca mais. Com os diabos, que pode fazer por mim, Reverendo?

Bem, uma coisa era certa: o Reverendo não sabia o que poderia fazer. Entretanto, o jantar estava esfriando. Mas a jovem esposa era filósofa. Pôs o jantar do marido no forno e serviu-se do seu.

— Vou lhe dizer uma coisa — falou o pastor. — Sente-se aqui e relaxe os nervos por um momento.

Chamou a esposa:

— Meu bem, por favor, traga uma xícara de café bem quente aqui para o nosso amigo.

E depois:

— Beba o café, que lhe vai fazer bem. E enquanto bebe, terei de fazer uma pequena consulta na sala dos fundos. Estarei logo de volta.

Na sala dos fundos ele ficou olhando sem ver, pela janela. Era um homem de verdade, atleta em seu colégio, e o tipo do líder popular. Fora atraído para o ministério, de início porque um conferencista universitário lhe transmitira "profunda preocupação pelo mundo". Depois, sabia que estava no Seminário Teológico, tentando encontrar a si próprio, mas, basicamente, só conseguia ficar mais confuso. Ainda procurava a si próprio, e aquele eu procurado mostrava-se esquivo.

Embora fosse um ministro; caiu na linguagem comum;

"Isto agora está complicado! Arre! Mal comecei a trabalhar e já me aparece um sujeito atirando tamanho problema para cima de mim. Com a breca, o que posso fazer num caso desses?"

Passou rápido exame retrospectivo em seu curso do Seminário, tentando arranjar uma idéia prática que pudesse ser útil em crise pessoal como aquela.

"Nada, a não ser filosofia, sociologia, ação social. Tudo isso pode ser muito bom, mas não adianta nada neste momento, tenho certeza. Que espécie de professores são aqueles, que não me disseram, simplesmente, como compreender e ajudar um ser humano? Que vale toda essa história de "preocupação social", se não posso auxiliar um pobre sujeito? Por que não saem eles de suas salas de aulas e vão tomar conhecimento dos fatos da vida? Gente! Estou perdido, inteiramente! Não me vêm uma idéia à cabeça" — gemia ele.

Então, resolveu fazer uma "consulta". Rezou, e mesmo sua prece foi uma das mais terra-a-terra:

"Senhor, estou atrapalhado. Por favor, dize-me o que devo dizer àquele sujeito. Amém."

Essa é a espécie de oração que agrada a Deus, se deseja a minha opinião. Exposição sucinta de uma necessidade real, oferecida com humildade e honesta fé. E o Senhor disse-lhe, realmente, o que dizer "ao sujeito", e como dizê-lo com eficácia, também. Mesmo sem saber muito, o pastor era sincero em seu afeto pelos seres humanos, e esse, naturalmente, é o sentimento básico quando se trata de ajudar terceiros.

De sua prece na sala dos fundos o pastor obteve a orientação de que deveria sentar-se junto daquele homem e fazê-lo falar. Compreendeu, também, que seu visitante, detestando a si mesmo, como estava, precisava de alguém que mostrasse por ele interesse e preocupação autênticos, mesmo alguma coisa mais, a fim de lhe transmitir um sentimento de estima, restaurando sua fé num eu que vacilava. Finalmente, devia fabricar esperança na alma daquele homem e fazê-lo ganhar a certeza de que Deus o ajudaria. Devia tentar introduzir Deus na mente de seu visitante, como um fator verdadeiro.

Assim, voltou à sala de estar, deixando cair seu corpo alongado na cadeira, em atitude tranqüila, calma, como se tivesse todo o tempo do mundo para dedicar àquele homem. Sua maneira pareceu afrouxar a tensão do outro até certo ponto, e eis que ele começou a falar. Hesitante, de início, depois expandindo-se francamente, registrando conflitos, fracassos morais e desonestidades que realmente poderiam minar a auto-estima. O pastor ouvia com amistoso interesse, enquanto ia enviando ao homem que ali estava, deliberadamente, pensamentos de estima. Praticava, assim, a técnica de Frank Laubach: "disparar orações", silenciosamente, para o visitante. Qual era o problema do homem? Um dos mais complicados, no qual a auto-estima e o respeito próprio tinham sido despedaçados por sucessivas violações das idéias éticas básicas, das quais ele quisera afastar-se, mas não conseguira.

Uma hora depois daquela conversa o ministro esticou o corpo.

— Estou com uma fome de lôbo. Também o senhor deve estar faminto.

E, chamando a esposa:

— Meu bem, acha que pode salvar um par de sujeitos que morrem de fome?

— Com toda a certeza — respondeu ela, da cozinha. — Já vou tratar disso.

Logo depois estavam os dois homens se refazendo, especialmente o visitante, que evidenciava seu alívio mental pela reafirmação da fome física. Os dois homens chegaram, mesmo, a gracejar e brincar um pouquinho. Antes que a refeição terminasse já se estavam chamando pelos primeiros nomes, Sam para o visitante, Chuck para o pastor.

Às onze horas da noite Sam e Chuck estavam do lado de fora da casa, junto do carro do ousado modelo estrangeiro, tipo esportivo.

— Sam, antes que você vá, eu gostaria de lhe dizer só uma coisa mais. Está se sentindo melhor agora porque encontrou um amigo com o qual pode compartilhar sua preocupação, e assim sentiu autêntico apoio humano. Temos de fazer uma transferência, de mim, amigo humano, para aquele outro Amigo que pode estar a seu lado todo o tempo, e guiá-lo para a nova vida que vai iniciar daqui por diante.

— Compreendo-o, Chuck, e gostaria disso.

Assim, ambos rezaram, de pé, ali sob o luar prateado. Apenas uma breve oração. Chuck rezou:

"Senhor, toma Sam contigo e vai com ele. Ajuda-o a deixar

que orientes realmente a sua vida."

Então, disse:

— Agora, reze você, Sam.

— Quer dizer que devo rezar alto? Nunca fiz tal coisa em minha vida.

— Pois agora é tempo de começar a fazê-lo. Além disso, somos amigos, não somos?

Depois de longa hesitação, Sam disse:

"Senhor querido, obrigado por Chuck. Seguramente Tu me conduziste a ele. Preciso de Ti. Por favor, toma-me e orienta a minha vida. Por favor, ajuda-me. Amém."

Depois que Sam desapareceu com seu carro ao fim do caminho. Chuck andou de cá para lá diante de sua igrejinha, tomado de uma euforia como jamais sentira antes. Lágrimas coalhavam-se em seus olhos. Subitamente, amou o mundo inteiro, especialmente a minúscula igreja toda branca, que brilhava ao luar.

— Arre! — dise ele, em voz alta. — Por nada neste mundo eu quereria ter escolhido outra carreira. Obrigado, meu Deus, por me teres trazido Sam. Ficarei ao lado dele até que realmente Te encontre e então ele e eu ajudaremos outros, pelos anos a vir.

Com dois pulos estava outra vez dentro de casa, e surpreendia a esposa erguendo-a no ar e dançando com ela em torno da sala.

— Pára! Pára! — gritava a moça: — Estou sem fôlego! Que acontece contigo?

— Menina! É maravilhoso! Simplesmente maravilhoso, este mistério. Meu bem, Deus esteve nesta casa, esta noite.

Ela parou diante do marido:

— Deixa-me olhar para ti, chuck querido. Nunca vi teu rosto assim. É simplesmente maravilhoso. Estás positivamente exaltado.

Depois, com imensa ternura:

— Tive agora uma visão toda nova de ti. Meu Chuck é, realmente, um sacerdote.

Naquela noite Chuck tornou-se um otimista de âmbito resistente.

Esse primeiro caso de Chuck, quando ele se instalava como profissional do espírito, relacionava-se com um homem que chegara a detestar-se de maneira extremada, num ódio anormal contra si próprio, originado em pensamentos e sistema de vida errados. Do processo de transformação espiritual que, aliás, trouxe vida nova e vigorosa para Sam. Chuck extraiu uma fórmula, podemos dizer mesmo uma receita, que provou ser útil para muita gente. Era a seguinte:

1 — Aprenda a conhecer-se, realmente.

2 — Aprenda a estimar-se, realmente.

3 — Aprenda a deixar que Deus oriente sua vida, realmente.

Este capítulo que recomenda o afeto de si próprio pode parecer um tanto desnorteador, pelo menos a maior parte do tempo. Talvez lhe ocorra pensar em pessoas cujos eus se manifestam subdesenvolvidos, e que, aparentemente, gostam demais de si próprias. Terá a impressão de que, para essas pessoas, é inteiramente desnecessário estimular maiores sentimentos afetivos por elas próprias. Mas não é o exagerado amor de si próprio ou a vaidosa admiração do ego que desejamos encorajar, mas a simples e normal estima de si próprio. Isso é sinal de personalidade equilibrada.

Aquela inflada auto-segurança, comumente conhecida como egoísmo, é, quase sempre, cobertura de sentimentos de inferioridade e auto-repulsa. Os egoístas extremados não passam, com freqüência, dos indivíduos mais inseguros. O egoísmo é um estratagema protetor da personalidade, para escorar sua falta de fé em si próprio. É um método dúbio, pelo qual a personalidade procura disfarçar um estado infeliz com relação a si mesma.

Não se amar é problema amplamente espalhado pelos seres humanos, e responsável por muits dos sofrimentos que nos infligimos, e a outras pessoas.

William Nichols, editor da revista *This Week*, publicou alguns trechos selecionados de "Palavras que Ajudam a Viver", num delicioso livro com aquele título. Um dos trechos, extraído de John Steinbeck, descreve um homem que sofria de auto-antipatia:

"Durante muitíssimo tempo eu não gostava de mim mesmo... por várias razões, algumas válidas, outras pura fantasia. Então, paulatinamente, descobri, com surpresa e prazer, que um certo número de pessoas gostava de mim. E pensei: "Se elas podem gostar de mim, por que eu próprio não o poderei?" Lentamente, aprendi a gostar de mim, e então tudo correu bem."

...Assim falou ele, querendo dizer, literalmente, que aprendera a aceitar e a gostar do indivíduo Ed como gostava das outras pessoas...

Muitas são as criaturas que não gostam de si próprias. Desde que Ed pôde gostar de si próprio libertou-se da prisão secreta do autodesprezo.(*)

Maxwell Maltz, médico, mostra como a imagem que temos do nosso eu determina o

---

(*) *Liking Yourself.* John Steinbeck, p. 10-11, em Words to Live By, editado por William Nichols, Simon, Schuster, 1959. (N. do A.)

gostarmos ou não de nós próprios:

A imagem que mantemos de nós próprios é a chave para o sucesso ou o fracasso de nossos mais caros planos e aspirações. Se a imagem fôr inexata — e os psicólogos dizem que a maior parte entre nós subestima-se — importa corrigi-la. Fazemos isso imaginando, sistemáticamente, que já somos a espécie de pessoas que desejamos ser. Se você tem sido penosamente tímido, imagine-se movendo-se entre as pessoas, com facilidade e ponderação. Se tem sido temeroso ou aflito, veja-se agindo calmamente, com coragem e confiança.

Se nos representarmos agindo de determinada maneira, esse exercício da imaginação impressiona nosso subconsciente quase tanto quanto a ação verdadeira.

Desipnotize-se. O que acreditamos a nosso respeito muitas vezes impõe limites rígidos e falsos ao que temos possibilidade de realizar. Quando menino de escola, o famoso psiquiatra Dr. Alfred Adler, teve mau início em aritmética. Seu professor terminou por convencer-se de que ele era "tapado para matemática", Adler aceitou, passivamente, essa avaliação, e suas notas pareciam provar que ela era correta. Um dia, entretanto teve uma faísca súbita de percepção e anúnciou que julgava capaz de resolver um problema que o professor escrevera na lousa e nenhum dos outros alunos conseguia solucionar. Toda a classe riu. Então, ele ficou indignado, caminhou para a lousa e resolveu o problema. Fazendo isso, percebeu que podia compreender aritmética. Sentiu confiança nova em sua capacidade e daí por diante foi um bom estudante da matéria.

A questão é esta: Adler ficara hipnotizado por uma suposição falsa a seu respeito. Não figurativamente, mas no sentido literal, de fato hipnotizado. O poder da hipnose é o poder da crença. Se você aceitou uma idéia — sua mesmo, de seus professores, pais, amigos, ou vida de outra fonte qualquer — e se está convencido de que tal idéia é verdadeira, ela tem sobre sua pessoa o mesmo poder que a palavra do hipnotizador tem sobre a pessoa que hipnotiza.

O pensamento negativo pode limitar cada um de nós, se o consentirmos. E, reversamente, dentro de nós está o poder de fazer coisas que jamais sonhamos poder realizar.(*)

(*) Your Built-In Success Mechanism, condensado de *Psicho-Cybernetics* de Maxwell Matz, M. D (Prentice-Hall, Inc., 1960), p. 222-224, Reader's Digest, abril, 1961. (N. do A.)

Naturalmente, quando conhecemos, aprendemos, e usamos nossos poderes, nosso conhecimento e nosso próprio respeito torna-se auto-estima, e, como resultado, o afeto por nós mesmos aumenta.

Auto-repulsa levada a extremos tem como conseqüência distúrbios mentais e nervosos, e outras formas de fuga à realidade. A razão pode até ser abalada, se a auto-repulsa tornar-se intensa. Um médico declarou:

"Os hospícios estão repletos de pessoas que detestam, odeiam, mesmo, a si próprias."

Numa forma menos grave as pessoas detestam sua aparência física, desejando ser mais altas, mais baixas, mais gordas, mais magras. Têm medíocre confiança em si mesmas, mostram-se tímidas, encolhidas, e cheias de insegurança a seu respeito. Atormentadas pelo persistente conflito interior, sempre exauridor de energia, chegam a tornar-se liberal e profundamente cansadas de si próprias. Muitas vezes atoleimadas e garguejantes, fazendo coisas canhestras, e mesmo estúpidas, acabam exaperadas, não com as outras pessoas, mas com sua própria personalidade. Atacam os próprios nervos, se assim podemos dizer. Não se sentem divertidas na própria companhia. Entendiam-se em sua solidão e ficam fartas daquilo que imaginam ser. O Dr. Maltz diz, mais adiante:

Cada um de nós tem uma linguagem mental de si próprio, imagem que determina muito de nossa conduta e perspectiva. Para achar a vida razoávelmente satisfatória devemos ter de nós uma auto-imagem com a qual possamos viver. Devemos considerá-la aceitável por nós. Precisamos ter um eu do qual gostemos, e no qual acreditamos, depositando confiança nele. Quando podemos nos sentir orgulhosos de nossa auto-imagem, obtemos autoconfiança. E agimos de nossa melhor maneira.*)

Sempre que considero esse problema da auto-repulsa que a natureza humana apresenta, recordo o homem perseguido e infeliz que dizia, desesperado:

— Eu daria meio ano do meu salário (e tratava-se, sem dúvida, de uma bela soma) se ao menos pudesse gozar umas duas semanas de férias de mim próprio.

Naturalmente, isso não é possível. Estamos ligados sempre ao nosso eu. Dizemos, e bem: nosso eu. É claro, para sempre. Não há evasão, não há alternativa, não há saída. Temos que viver com o nosso eu a cada minuto de cada dia e de

(*) *Ibidem*, p. 217-218. (N. do A.)

cada noite, enquanto vivermos. Jamais nos podemos afastar de nós, dessa entidade em três partes: corpo, mente e salma, chamada "nós". Talvez seja um fato rude e desagradável, mas é assim: estamos colados a nós mesmos.

Sendo isso um fato ao qual não podemos escapar, a atitude sensata a assumir é decidir como viver com o próprio eu, obtendo alguma paz e felicidade, *pelo menos* durante a maior parte do tempo. Essa frase qualitativa, "pelo menos durante a maior parte do tempo", tem a intenção de reconhecer o fato indiscutível de que mesmo na personalidade normal, equilibrada, ainda há, residente dentro da natureza humana, vaga e obcecante insatisfação. No indivíduo bem integrado isso não é coisa persistente, e de modo algum dominante, mas haverá momentos, ou talvez apenas frações de momentos, em que o autodescontentamento se manifestará. Isso não se pode evitar. Algo dessa inquietação estará sempre presente em nós.

Talvez, para dizer a verdade, esse fator de descontentamento seja mecanismo básico instalado na natureza humana pelo Criador, a fim de funcionar contra o fato de nos tornarmos, possivelmente, demasiado satisfeitos conosco mesmos, tirando conforto disso. Uma certa dose de descontentamento, por aborrecida que seja, é importante para a manutenção daquele impulso contínuo, ou motivação, sem o qual o progresso, rumo a certas metas não seria possível. Assim, a frase qualitativa "durante a maior parte do tempo", aceita o fato inerente de que uma certa dose de descontentamento em relação a nós mesmos acrescenta equilíbrio e progresso à nossa personalidade, e aumenta nossa certeza de sucesso na vida. Não há pessoa confortávelmente satisfeita que vá muito longe, ou que,tendo ido, mantenha-se ali.

Como, então, podemos aprender à gostar de nós mesmos? Aprendendo, simplesmente, a conhecermo-nos. Podemos não gostar de alguém, mas quando chegamos a conhecer esse alguém percebemos que passamos a gostar dele, à proporção que nosso conhecimento aumenta. Muito da antipatia sentida por outra pessoa, bem sabemos, é baseada em conhecimento incorreto dessa pessoa, e, portanto, errôneo.

A mesma lei da natureza humana se aplica às nossas relações conosco mesmos. Quando aprendemos a conhecermo-nos como realmente somos, descobriremos que somos mais simpáticos do que pensávamos, e assim nossa opinião a nosso respeito melhorará e acabará por fazer com que gostemos, realmente, de viver com o nosso eu.

E é de muito valor prático aprender a gostar de si próprio. Tendo de passar tanto tempo em nossa própria companhia, o melhor será obter satisfação desse inevitável companheirismo. É pouco sensato isso de viver infeliz com o próprio eu, já que tal coisa não é obrigatória. Portanto, trata-se de ser inteligente e viver em bons termos com o próprio eu.

Para chegarmos a isso temos de passar por honesta e minuciosa análise, fazendo trabalho compreensivo de classificação de nós próprios. Veja e estude os melhores aspectos do seu eu. Forme, então, a imagem mental de seu eu melhor e mais simpático. Pense em têrmos desse eu, obtendo tal quadro claramente definido em sua mente. Mantenha a imagem mental com persistência, fixando-a de maneira firme em sua consciência. Veja, ou visualize essa imagem como emergindo para uma posição dominante de controle de personalidade. Se acreditar nessa fórmula e praticá-la, seu conceito do eu melhor se tornará um fato, porque, toda a sua consciência apoiando sua imagem mental, ela tenderá a fazer-se verdadeira.

Recorde essas palavras significativas do sábio Marco Aurélio:

"A alma é colorida com a cor de seus pensamentos."

Ele lhe está dizendo que dentro de seu processo de pensamento você pode selecionar a cor da vida que deseja, e levá-la a tornar-se realidade pelo tipo de pensamento que usa habitualmente. Há uma velha máxima oriental que diz:

"Aquilo sobre que pensas, cresce."

Você pode pensar que tem o eu atraente que deseja ter.

Há algo mais profundamente envolvido em tudo isso, entretanto, do que essa tentativa de gostar de si mesmo através do quadro mental de seu melhor e mais simpático eu. Devo preveni-lo de que seu eu pior é um freguês bastante mau, e você não deve abrir mão de sua defesa contra o domínio dele. Realmente, seu eu pior está cheio de velho Adão. Muitos milhares de anos chamado processo de civilização apenas o recobriram com uma pseudodelicadeza. E, falemos francamente, sob tal cobertura ele é amoral, não-moral, imoral, rapinamente, agressivo e qualquer outro adjetivo que seja possível encontrar para descrever a natureza humana quando se apresenta despida.

E não pense que em seu cerne não está a natureza humana, por muito delicado que você seja. Tal natureza pode libertar-se e armar uma confusão enorme. O único elemento de segurança contra esse seu eu pior é manter o eu melhor sob firme controle, mantê-lo de fato, pois esse eu melhor não deriva do velho Adão, mas de Deus. É realmente, Deus em você.

Portanto, em gostarmos de nós próprios a primeira coisa importante é gostar de Deus, pois Deus está dentro de nós pela natureza. E, conforme formos conhecendo Deus, iremos conhecendo-nos melhor e gostaremos mais de nós próprios. E quando digo que amar a Deus leva positivamente a um afeto normal por nós mesmos, não estou falando da teoria, mas de fato.

Leia a carta seguinte, escrita por Filipe..., que vive em Bronx, na cidade de Nova Iorque. Filipe é um adolescente muito inteligente, a julgar pela sua carta. Adolescentes, como deve saber, passam, às vezes, pedaços horríveis consigo mesmos. Talvez sejam as dores de crescimento e tudo o mais, porém algumas vezes eles vão da euforia às profundezas do desespero, num abrir e fechar de olhos. E quando saem fora dos eixos, eis que realmente se corrompem. Muito maior tem sido o número de adolescentes que me dizem a sério detestar a si próprios, do que o de componentes de qualquer outro grupo de seres humanos. Leia a carta de Filipe, por favor:

Caro Dr. Peale:

Acabo de ler seu último livro *Os Espantosos Resultados do Pensamento Positivo*, e encontrei a resposta para a maior parte dos meus problemas, especialmente no capítulo "Você pode se tornar mais forte na sua parte mais fraca".

Como adolescente normal, eu tenho, e tive, muitas dúvidas quanto a mim mesmo. Sentia-me insuficiente, anormal, inútil, etc. Devido a tais sentimentos tombei na pior depressão que já tive. Era tortura insuportável. Sentia-me repelido por toda a gente, mesmo por Deus, e fiquei tão infeliz que cheguei a blasfemar o nome do Senhor.

Depressa, porém, comecei a me avaliar, a olhar para mim mesmo, a insistir nos bons pontos que possuía. Desviei o pensamento de mim e voltei-o para as outras pessoas. Inscrevi-me em organizações e comecei a ajudar outros, e isso foi maravilhoso! Principiei meus bons pontos. Notei que os demais começavam a gostar mais de mim, por todas as coisas que eu fazia. Já não me sentia repelido. E, o que é melhor, gostava muito mais de mim mesmo.

Encontrei Deus, e encontrei-o em nova revelação. Foi como se O tivesse visto pessoalmente. Consegui um lugar em Seu mundo. Todas essas coisas me aconteceram antes que eu lesse o seu livro. Quando cheguei a lê-lo, ele veio dar-me a prova de que eu tinha razão e dizer-me que há outros que também sofrem.

Que esta seja mais uma das cartas reunidas às que confirmam sua filosofia do pensamento positivo.

Não admira que Toistoi tenha dito:

"Conhecer Deus é viver."

Uma coisa é certa: conhecer Deus é amá-lo e isso leva ao conhecimento do próprio eu, e finalmente, ao amor do próprio eu. Tal coisa é natural, quando se pensa nela, pois se Deus nos criou, pôs ele próprio em nós, como já fiz sentir. Quando nos conservamos junto de Deus, estamos em básica harmonia, portanto, conosco mesmos. Quando, porém, nos mantemos afastados de Deus, estamos, com efeito, afastando-nos do nosso eu básico. Então, sentimo-nos num estado estranho e artificial de pseudo-eu. Esse estado, sendo artificial, não nos pode contentar. E assim, após algum tempo, começamos a antipatizar conosco. Mas o que realmente estamos detestando é o nosso falso eu.

Se voltarmos para Deus, estamos voltando para o nosso verdadeiro eu. É como se retornássemos ao lar, finalmente, em alegre união com o eu natural, do qual podemos gostar. Isso foi exatamente o que aconteceu com Filipe..., de Bronx. Agora ele gosta de si próprio e a vida se mostra atraente, e muito feliz.

Outro fator no conhecimento de si próprio, e, portanto, no simpatizar consigo mesmo, é a estima do eu. Auto-estima é vital para se ter sucesso como pessoa. Tennyson diz:

"Auto-reverência, autoconhecimento, autocontrôle — só esses três sentimentos levam a vida ao poder soberano."

Auto-estima é uma coisa sem a qual a personalidade simplesmente não pode passar. Tem raízes longas dentro do próprio eu, e, de fato, é relacionada com a identidade fundamental. Ter nossa identidade básica depreciada, especialmente por nós mesmos, vem a ser, talvez, o maior de todos os golpes que a personalidade pode sofrer. Bem, no fundo da natureza humana há uma sensação básica de algo sagrado no que se refere à própria pessoa. A maior parte dos seres humanos não pensa nisso em termos tão dramáticos, pois há uma tendência petulante, atualmente para pensar em coisas sagradas como pieguices. Mesmo assim, há um ponto de dignidade humana básica em todas as pessoas, que jamais deve ser ofendido. É a área interna da consciência onde Deus está em nós. Se for violada, representará um prejuízo extraordinário e grave para o indivíduo. Quando tal coisa acontece a pessoa sofre a forma mais dolorosa de autoantipatia, e o resultado é a deterioração da personalidade.

Deixe-me falar-lhe de um drama muito humano, que ilustra como a perda de auto-estima pode trazer, de fato, uma aguda antipatia de si mesmo, tão aguda que quase leva à autodestruição. Felizmente, a história conta, também, uma cura positiva. Acredito que você gostará mais se eu deixar que a mulher conte a história com suas próprias palavras, tal como a escreveu para a nossa revista *Guideposts*. Anônimamente, como é natural.

Era outono, e as colinas em tôrno da cidade em que vivíamos flamejavam em vermelho e ouro. Mas eu já não dava atenção a isso. Durante todo o longo e ardente verão uma sensação de culpa, de indignidade, vinha supurando dentro de mim. A razão era de crua simplicidade. Na primavera anterior eu cometera um erro. Traíra meu marido.

Ele de nada sabia. Ninguém sabia, a não ser o outro homem... e eu nada mais tinha a ver com ele. Talvez tivesse havido circunstâncias atenuantes. Talvez não. O fato era que eu alertara contra o Sétimo Mandamento, e daquele momento em diante odiara-me. Fui à igreja. Rezei. Pedi a Deus que me perdoasse. Mas eu própria não me perdoava.

Nada disse a ninguém, pois tinha demasiada vergonha. Não estava, entretanto, inteiramente certa de que o homem envolvido no caso mantivesse igual silêncio. Comecei a imaginar que uma certa frieza se manifestava em alguns de meus amigos. Supus achar certa atitude remota em nossa mãe. Tive a certeza de que a minha culpa secreta já não era secreta.

À proporção que o verão avançava, minha imaginação mórbida se fazia mais aguda. No dia do meu aniversário, recordo-me alguém mandou-me um cartão de cumprimentos, com os melhores desejos, por ser aquela "a grande data". A palavra "a" aparecia em letra maiúscula, impressa em vermelho. Para mim, era a letra escarlate: "A", para Adúltera. Rasguei o cartão com dedos trêmulos.

Minha educação me impusera consciência severa e exigente — severa demais, exigente demais. Agora, minha razão, meu senso de valores, tudo se ia desmoronando sob sua constante pressão. Eu não podia pensar. Só sabia sentir. Perdi peso. Não dormia.

Meu marido insistiu para que eu fosse a um médico, mas recusei. Estava começando a pensar que meu marido também sabia o meu segredo, e receava ir a um médico, porque também ele poderia saber, fazer ou dizer algo para revelar a convicção de que eu era indigna, suja, imprópria para ser esposa ou mãe. Assim, vivia num inferno, um inferno que eu mesma construíra.

Foi algo dito por meu marido que me precipitou para a ação final. Estava ele lendo no jornal algo sobre uma mulher que abandonara a família, fugindo com outro homem. "Livraram-se de boa" — disse ele — "e passarão melhor sem ela!"

Senti dedos de gelo apertando-me por dentro; meu marido me estava dizendo que sabia meu segredo e desejava ver-se livre de mim.

Pode haver terrível lógica na mente desordenada. A mulher que fugira com o amante — esse era o meu raciocínio — mostrava-se mais honesta e menos hipócrita do que eu. E meu marido achava que ela merecia perder a família. Que castigo, então, devia caber-me, na proporção, a mim, cuja vida se tornara uma mentira? Perguntava isso a mim mesma, com angustiosa intensidade, e algures, dentro de mim, uma voz parecia responder, como sino abafado que tocasse a finados: "Não és boa para ninguém. Estás atraindo vergonha para a tua família. Deves desaparecer por completo. Então eles poderão começar vida nova, sem ti."

Sem uma palavra a ninguém, subi as escadas e arrumei uma pequena valise. Apanhei um pedaço de corda e fiz a mala descer pela janela do dormitório, até o chão. Tornei a descer as escadas, passei junto de meu marido, entrei na cozinha e saí, pela porta dos fundos. Fui para o centro da cidade e registrei-me, sob nome falso, no hotel mais alto que ali existia.

Meu quarto era no quinto andar. Eu receava que não fosse bastante alto. Caminhei até a janela e olhei lá para baixo. A rua, ao fundo, mostrava-se escura, mas eu podia ver as luzes do trânsito. Tinha horror de morrer, mas a voz interior estava mais alta, agora, violenta, inexorável, dizendo-me que eu não era digna de fazer parte da raça humana.

Sentei-me à escrivaninha e escrevi uma carta de meu marido, dizendo-lhe que o amava, que amava as crianças, mas que as coisas seriam melhor assim. Chorei enquanto escrevia, mas escrevi. A voz continuava a dizer-me que me apressasse, que me apressasse. "Oh! Deus!" — exclamei, em voz alta. E, voltando-me, sentei-me no peitoril. Deixei-me, então, cair de costas no vácuo tenebroso.

Cai cinco andares abaixo, esperei pelo impacto na calçada, pelo nada, pelo esquecimento. Em vez disso fui tombar sobre a capota de um conversível ali estacionado. Passei através do fôrro de lona e caí no assento de trás. Senti dor terrível nas coisas e nas pernas. Então, desmaiei.

Voltei a mim num quarto silencioso de hospital. Tentei mover-me e não pude. Estava metida em gesso, da cintura para baixo. Um homem de avental branco olhava para mim. Era muito jovem, e tinha olhos firmes, compassivos. "Sou o seu médico" — disse — "Como se está sentindo?"

Uma onda de desespero invadiu-me toda. Eu ainda estava viva, trapalhona tão miserável que fracassara mesmo no dar cabo de mim. Nem sequer a morte me queria. Senti lágrimas quentes afluírem-me aos olhos. "Oh! Deus!" — exclamei. — "Deus, perdoa-me!"

O jovem médico pôs a mão na minha testa. "Ele perdoará" — falou, calmamente. — Não se preocupa com coisa alguma. Vamos ajudá-la a amar de novo seu próprio eu."

"Amar de novo seu próprio eu." Jamais esqueci aquelas palavras. Elas foram a chave que me abriu a porta da prisão de auto-ódio que eu construíra em torno de mim mesmo. Continham a verdade que positivamente tornou possível para mim a reconstrução da minha vida.(*)

Este é um caso de pessoa que se odiou a ponto de não mais tolerar-se. Felizmente, não são muitos os que sofrem assim agudamente. Mas há um vasto número de pessoas afligidas por problemas similares de personalidade, em grau menos forte. Não estão bem quando dentro de si mesmo, e, como resultado, perdem muito do prazer de viver com suas próprias pessoas, que outrora gozavam.

Mas ninguém tem necessidade de continuar em tão infeliz estado mental. A forma de se libertar é, primeiro, desejá-lo, e, segundo, obter o auxílio de um bom conselheiro, um ministro, um amigo espiritualmente preparado para isso, talvez um médico ou um psiquiatra, este último se tiver alguma compreensão espiritual. Se não tiver, afastar-se dele o mais que lhe fôr possível.

Terceiro, fazer algumas orações verdadeiras, básicas, da espécie que apela para a graça terapêutica de Jesus Cristo Nosso Salvador. Basta que diga ao Senhor, honestamente, que está farto de sua própria pessoa, tal como é, que não deseja mais continuar a ser assim. Basta dizer-lhe que não lhe parece estar fazendo nada de construtivo a seu respeito, que por isso se está voltando para Ele, a fim de agir exatamente como Ele achar necessário. Deus responderá sempre a uma prece ho-

(*) *Guideposts, abril, 1960; "Love of Self"*, Marguerite C.... p. 14-17. Carmel, N. Y. (N. do A.)

nesta, humilde e confiante assim. Porá em movimento aquele processo proveitoso de três pontos: autolibertação, auto-encontro, auto-estima. Então, você começará a gostar de novo de sua própria pessoa. Portanto, haja o que houver, mantenha firme sua auto-estima.

O terceiro elemento da fórmula que o jovem pastor recebeu naquela sala dos fundos, durante a "consulta" descrita no início deste capítulo, é o seguinte:

"Aprenda a deixar Deus governar a sua vida."

Compreendo que, lendo isto, uma pessoa que tiver pequeno ou nenhum conhecimento da nossa espécie de pensamento, possa ficar um tanto pensativa. Poderá, mesmo, repetir tudo, considerando tratar-se de uma espécie extravagante de matéria religiosa. Pois bem, deixe-me dizer-lhe que não é extravagante, que é, simplesmente, uma forma terra-a-terra de dizer que se não nos damos bem com a nossa pessoa ou com a nossa vida, devemos deixar que um outro tome o lugar da direção. Um outro que saiba dirigir. Afaste-se do lugar e deixe que o Senhor tome o volante. Ele o manterá na estrada e o levará onde deseja ir, isto é, para um estado de vida feliz, progressista e útil.

Uma pessoa não vai gostar muito de si mesma, é natural, quando continua com seu conflito interior, quando a frustração lhe tira a alegria de viver, ou, quando uma sensação de culpa a persegue. Se nossa mente está atravancada de opressões, ressentimentos, ódios, agravos, como é possível esperar que produza alegria, paz, contentamento?

Quem quer que pense um pouco não pode deixar de saber que só se retira da mente o que foi lá colocado antes. Se não nos sentimos felizes ou não estamos indo bem, ou, para dizer as coisas rudemente, se estamos atrapalhando as coisas para nós mesmos, com certeza andamos sob má direção. Nossa mente não está fornecendo contrôle, força, ou discernimento.

A técnica, muito simples, é assim: Primeiro, torne-se humilde. Isso pode ser difícil, especialmente se não se está habituado a ser humilde. Muitos de nós temos um falso orgulho que nos mantém insistindo, vaidosamente, em que podemos dirigir nossas vidas sem precisar do auxílio de ninguém. Mas dirigi-la para onde? Muitas vezes mesmo para o chão, por assim dizer, ou, para fazer descrição mais perfeita do caso, para o transtorno, para o fracasso e a infelicidade pessoal. É muito importante tornar-se humilde. Estou certo de que você saberá ser essa grande pessoa, pois só uma grande pessoa pode ser humilde. Não é virtude para a arraia miúda, mas para os grandes na mente. Você, entretanto, está nessa categoria. Como sei disso? Porque leu este livro até aqui. Se não estivesse estendendo a mão para alguma coisa grande não teria chegado até a página que agora está lendo. Muito antes disso se teria voltado para um filme de mocinho, na TV.

O passo número dois é, tendo ficado humilde, falar direito com Deus. Nada de atitude piedosa: fala com Ele como a um amigo que o vai tirar de dentro de você mesmo e o levá-lo a andar pela estrada principal, encaminhando-o para o sucesso e para a felicidade.

Certo amigo meu, sujeito robusto e bem disposto, "arrastou-se", para usar sua própria expressão, através de quarenta e dois anos, acumulando antipatia por ele mesmo. Finalmente, conforme dizia, "limpei-me comigo mesmo, dizendo-me alguns duros e honestos fatos a meu respeito. Então, uma noite, fui para trás da garage, encostei-me à cerca, levantando os olhos para as estrêlas. Algo começou a comprimir-me, e, súbitamente, acredite ou não, eu me vi rezando, rezando em voz alta. Nem fechei os olhos nem me ajoelhei. Olhei Deus diretamente nos olhos e disse:

"Fique sabendo, Senhor, que estou arrasado. Não posso fazer nada comigo mesmo. Tome conta disso e faça o que quiser fazer a meu respeito."

— Foi assim — acrescentou ele — e daquele dia em diante nunca mais rezei de olhos fechados. Não quero parecer meio adormecido quando estou falando com Deus.

Bem, talvez não passe de um curioso estratagema, mas talvez não seja, também, um método de oração assim tão mau, pois lembro-me de ler, na Bíblia:

"Falava o Senhor a Moisés face a face, como qualquer um fala ao seu amigo." (Ex. 33:11). Religião quase em tamanho natural.

Seja como for, aquilo funcionou. Nova direção começou a surgir, e aquele homem se pôs a melhorar, em todos os setores: pessoalmente, na família, nos negócios. Gosta muito de si próprio, mas não perdeu aquela humildade, a humildade que está disposta a deixar que a Grande Mão tome o controle. Essa é, então, a cura para a auto-antipatia.

Quanta infelicidade arranjamos para nós mesmos quando insistimos com obstinação em nossos conflitos interiores ou exteriores. Não é absolutamente necessário, entretanto, viver de maneira tão aflitiva. O segredo é simples: deixe que Deus tome a direção e governe a sua vida. Essa disposição torna a vida e o gosto pela vida possíveis para você, porque com Deus, firme, a guardá-lo, terá muito menos transtornos com a sua própria pessoa. Portanto, poderá gostar muito mais do seu eu, e irá tornar-se um otimista de ânimo resistente.

Resumo *De Goste De Sua Própria Pessoa, Pelo Menos Durante a Maior Parte Do Tempo*

1. Aprenda, realmente, a conhecer-se e estimar-se.

2. Cultive um eu no qual possa confiar e no qual acredite.

3. Imagine-se a espécie de pessoa que deseja ser, afirme que assim é, depois exercite o ser assim.

4. Mantenha algum descontentamento espiritual como estimulo à automotivação. Autosimpatia completa paralisa o aguilhão do estímulo.

5. Nosso eu tem um bom nome. É nosso para sempre. Está agarrado a nós.

6. Já que tem de viver com você, é importante desenvolver um eu cuja convivência seja agradável.

7. Ame a Deus e desenvolverá respeito e atenção normais por sua própria pessoa.

8. Aprenda a deixar que Deus governe a sua vida. Assim, gostará mais dos resultados do que dos obtidos com sua própria direção.

9. Seja humilde, grande de alma e de mente, bondoso; gostará de você, assim, e os outros também gostarão.

10. Seja otimista. O segredo é simples: deixe Deus otimizar a sua vida.

ROTEIRO CÓSMICO
Huberto Rhoden
Formato: 14x21
256 págs.
Editora Martin Claret
Tel. (011) 262-8144
São Paulo
(Ver pág. 126)

O Cosmos é Otimista

HUBERTO ROHDEN

Mestre Aurélio diz que a palavra *otimismo*: 1. vem do latim *optimu* e significa ótimo. Define a doutrina filosófica segundo o qual tudo corre no mundo do melhor modo possível, tudo vai bem: *Voltaire consagra o seu romance Candide à refutação do otimismo.* 2. Atitude em face dos problemas humanos ou sociais que consiste em considerá-los possíveis de uma solução global positiva, do que resulta uma posição geral ativa e confiante. (Opõe-se a *pessimismo*).

Este texto do filósofo e educador Huberto Rohden expressa, amplamente, o conceito acima. Para Rohden, tudo corre no mundo do melhor modo possível. Ele é otimista: "O mundo é um cosmos e não um caos; tudo caminha para o ótimo."

Este capítulo, extraído do seu livro *Roteiro Cósmico*, não fala explícitamente na palavra otimismo, mas todo o seu conteúdo está implicitamente convergido para a atitude otimista. Para Rohden, o *microcosmo humano*, deve e pode harmonizar-se com o *macrocosmo sideral.*

O leitor da coleção *O Poder do Poder* sentir-se-à enriquecido, culturalmente, ao tomar conhecimento deste texto de Rohden, cuja mensagem filosófica é: "tudo no cosmos caminha para a perfeição".

Grande otimismo.

Cosmos ou caos

Vivemos na ilusão de que sejamos responsáveis pela ordem do Universo — como se o cosmos pudesse acabar em caos, se nós não o salvássemos!...

Achamos que devemos resistir aos malévolos, para que os benévolos não sejam exterminados pelos malévolos, sobre a face da terra.

Quanta insensatez!

Quanta miopia!

Assim diz o insensato na sua erudita ignorância: Se eu não resistir ao injusto, amanhã a injustiça eclipsará a justiça; logo, é meu dever resistir ao injusto...

"Mete a tua espada na bainha!"...

"Não resista ao malévolo!"...

Esta é a linguagem irracional do divino Mestre — mas os seus humanos discípulos julgam de arvorarem-se em supermestres do Cristo. Só de vez em quando aparece um "mahatma", uma grande alma, e resolve ser tão irracional como o Mestre e proclamar *ahimsa*, não-violência, e crer incondicionalmente no "poder da Verdade, satyagraha... Mas as pequenas almas, que crêem nas armas, não crêem nessa grande alma, que detesta as armas...

Achamos que, se hoje há 50% de maus contra 50% de bons, e se estes não resisterem àqueles, amanhã haverá 100% de maus contra 0% de bons — e é dever nosso evitar esse descalabro. E, por isto, concluímos, devemos também nós, os bons, tornar-nos maus, resistindo aos maus, para que os maus não tomem conta do mundo e destruam o reino de Deus sobre a face da terra.

Que é da nossa lógica?

Que é da nossa matemática?

Como poderíamos salvar do extermínio os bons, se nós mesmos nos tornássemos maus?

O primeiro passo para garantirmos a vitória dos bons é sermos bons nós mesmos, e não nos nivelarmos com os maus.

"Deixai crescer o joio no meio do trigo"...

Toda essa confusão vem da nossa miopia, de identificarmos a existência do gênero humano com a sua efêmera vivência neste planeta e reduzimos a vida do homem a 50 ou 60 anos.

A vitória do bem sobre o mal nada tem que ver com este cenário telúrico — ela é essencialmente um processo *cósmico*. Ainda que todos os bons fossem exterminados pelos maus, aqui na terra, nenhuma derrota teria sofrido a causa do bem. Mas se os bons resolverem tornar-se maus, a fim de salvar a causa do bem, então a causa do bem sofreu grande derrota — as potências do inferno prevaleceram contra as potências do céu.

A nossa tarefa não consiste em salvarmos a causa do bem, mas simplesmente em sermos bons nós mesmos, incondicionalmente bons. Não temos de salvar o Universo de Deus — temos de salvar somente a nós mesmos. O resto não é da nossa conta...

Se eu me salvar, se tu te salvares, se nós nos salvarmos — então o Universo estará salvo...

É tão fácil envolver numa aura de amor abstrato a humanidade toda — mas é tão difícil amar em concreto o ser humano ao nosso lado, esse ser individual, A, B ou C!...

"Ninguém é herói pelo que faz — só é herói quem sabe sofrer e renunciar" (Schweitzer).

Somos todos doutores em teorias — e somos todos analfabetos na prática...

Se alguém é capaz de realizar na vida prática 1% dos 100% da sua filosofia teórica — está de parabéns...

As nossas altivolantes teorias abstratas produzem em nós uma embriaguez de gloriosidade — a prática concreta de uma diminuta parcela dessas teorias nos mantém num nível de silenciosa humildade...

A única ordem e harmonia ao nosso alcance é a ordem e a harmonia dentro de nós mesmos...

Matemática cósmica

Há uma matemática cósmica, que funciona com absoluta precisão. O problema está em descobrir e aplicar essa matemática.

As palavras de Jesus, não consignadas pelo Evangelho, mas citada por Paulo de Tarso, "Há mais felicidade em dar do que receber", resumem essa lei do Universo.

Quando o homem chega ao ponto de não mais querer receber nada do mundo e da humanidade, mas tão-somente dar, dar, dar — então acontece esse fenômento paradoxal verdadeiro: quanto mais o homem dá tanto mais ele tem — e quanto menos dá menos tem.

No plano dos finitos, que o ego conhece, a matemática do dar implica em perder — mas no plano do Infinito, que o Eu saboreia, a matemática do dar implica em ganhar. No último caso, o dar se processa na horizontal dos finitos — mas o receber vem da vertical do Infinito.

Se o homem dá algo ao mundo ou à humanidade, com o secreto desejo de receber deles outro tanto, ou mais, age de um modo fundamentalmente errôneo, embora aprovado pela matemática-mirim dos egoístas; porquanto, dar aos outros para deles receber é puro egoísmo e visceralmente esterilizante e destruidor, cedo ou tarde esse egoísta, manifesto ou clandestino, sofrerá o impacto negativo da sua falsa atitude. As leis cósmicas não admitem burla.

Para que o homem possa realmente dar, dar com 100% de pureza e sinceridade, deve ele dar incondicionalmente, renunciando a qualquer desejo, secreto e secretíssimo, de receber algo em retribuição, da parte do mundo ou dos homens — mesmo que esse algo seja apenas louvor, aplauso, reconhecimento, gratidão, ou a grata esperança de se espelhar nos resultados palpáveis das suas obras. Tudo isto é impureza, disfarce, camuflagem, insinceridade, secreta pecaminosidade anti-cósmica — e as leis cósmicas não cooperam com nenhuma atitude anti-cósmica.

E é precisamente aqui que está o *pivot* do problema: dar com 100% de pureza e desinteresse! Haverá entre 1000 doadores um só dessa natureza?

Essa atitude de absoluto desinteresse pessoal significa onipotência, porque, quando os canais do ego estão realmente desobistruídos e puros, é matematicamente certo que as águas vivas da vida eterna fluem espontaneamente através deles, realizando no homem todas as coisas antes impossíveis.

Francisco de Assis, Dom Bosco, Mahatma Gandhi, e muitos outros — sem falar do próprio Cristo — são provas desta verdade.

Mas, como pode alguém dar sempre e não esgotar nunca?

É que esse *dar* na horizontal dos Finitos correspondente um *receber* na vertical do Infinito, e, como o Infinito não é a soma total dos Finitos, aquele nunca se esgota nem diminui com a irradiação destes. A matemática cósmica garante que o jubiloso doador horizontal seja sempre um inesgotável recebedor vertical; quanto mais literalmente o homem dá, doa, distribui às creaturas, tanto mais abundantemente recebe ele do Creador, e, como o receber é do Infinito para o Finito, ao passo que o dar é do Finito para os Finitos, é rigorosamente lógico que esse doador seja um milionário de recebimento; recebe em qualidade e distribui em quantidade, e, como a soma total das quantidades não afeta a qualidade, é certo que esse doador de Finitos e recebedor do Infinito, é invariavelmente um grande possuidor, um milionário qualitativo.

Pensar que esse receber do Infinito seja egoísmo, é absurdo. O doador não dá em quantidade com o fim de receber em qualidade; dá incondicionalmente; mas existe uma lei cósmica, inexorável, que enche com qualidade a quem se esvazia em quantidade, e essa lei funciona infalivelmente, quer o homem o saiba, quer não o saiba. Ninguém pode ser realmente bom se ser enriquecido.

Por vezes, esse enriquecimento espiritual se manifesta no plano material; por vezes, o milionário de bens divinos se torna também milionário de bens humanos — mas isto apenas lhe acontece por concomitância ou transbordamento, como que à sua revelia. Esse enriquecimento material não é efeito necessário da riqueza espiritual, como pensam certas filosofias pragmáticas modernas; é apenas uma espécie de sombra casual que acompanha a luz.

Se alguém tentasse ser espiritualmente rico a fim de se tornar materialmente próspero, agiria contra o espírito da matemática cósmica, subordinando o fim espiritual aos meios materiais; isto não seria "procurar primeiro o reino de Deus e sua justiça", mas sim em segundo lugar; e, por isto, as "outras coisas" não lhe seriam dadas de acréscimo; estas "outras coisas" correm somente atrás daquele que não corre atrás delas.

Libertação de qualquer espécie de escravidão é o requisito necessário e indispensável para que a matemática cósmica do Universo funcione em toda a sua plenitude.

Beatitude cósmica

Poucos homens gozam uma beatitude genuína, pura, universal, uma delícia cósmica, porque não conseguem largar totalmente os estreitos litorais do apego e perder-se no vasto oceano de um desapego total e incondicional. A sua consciente vontade doadora é sempre contagiada pelo inconsciente instinto recebedor. Querem ter doadores a 50, 80, 90%, mas nunca a 100%; guardam para o seu avaro e perverso ego uma certa porcentagem, mesmo que seja apenas 10% ou 1%; e assim o seu espírito doador não chega a ser total. São *altruístas*, mas não conseguem ser universalistas.

E isto, por quê?

Não têm ainda a experiência total e absoluta da verdade sobre o seu Eu divino, onipotente, esse Eu que tem tudo e não necessita de nada. O ego, por ser fraco e necessitado, sempre especula por alguma recompensa, precisamente por ser um necessitado, pobre, indiferente. Quem deseja ser recompensado por suas bondades é um egoísta mercenário; quem deseja ser compensado prova que é incompleto; quem deseja ser pensado, mostra que está doente, ferido, e necessita de alguém ou de algo que lhe pense as chagas.

Estranhamente, o nosso termo "pensar" se refere tanto a um processo mental como a um processo corporal; tanto o ego mental como também o ego corporal deve ser "pensado", porque nenhum deles representa a saúde perfeita.

Quando o homem consegue despojar-se 100% de qualquer desejo de receber, mas só pensa em doar e se doar, então adquire ele saúde perfeita e força integral — e isto é amor genuíno.

Todas as tragédias conjugais nascem desse desamor ou pseudo-amor.

Deus dá tudo e não recebe nada — e todo homem é tanto mais divino quanto mais dá e quanto menos quer receber.

Querer-receber denota doença, fraqueza.

Querer-dar indica saúde e força.

O recebedor é um indigente, um necessitado — o doador é um rico, um milionário.

Entretanto, a Constituição Cósmica do Universo é de tal natureza que o doador total e incondicional é sempre um grande recebedor, queira ou não queira, saiba ou não saiba.

No plano material, dar quer dizer perder — no plano espiritual, dar quer dizer ganhar e possuir mais firmemente aquilo que se dá.

Dar ou doar não se refere, primariamente, ao objeto que é dado, mas sim ao sujeito que dá; refere-se à disposição interna com que o doador dá o que tem e dá o que é. O doador é a medida da doação. O objeto dado reveste as auras e os fluidos do sujeito doador. Não é muito importante o que se dá — importantíssimo é como se dá. Um objeto dado de má vontade está impregnado dos fluidos negativos do doador, e só pode causar malefícios ao recebedor.

O objeto dado é algo *quantitativo*, neutro, incolor — mas o sujeito doador é algo qualitativo, positivo ou negativo, que dá cor ao objeto incolor. O doador imanta das suas auras positivas ou dos seus fluídos negativos o objeto dado. E, se o recebedor desse objeto tiver alegria para essas auras ou esses fluidos, será beneficiado ou meleficiado por esses elementos pessoais de que está impregnado o objeto impessoal.

O objeto doado é valorizado ou desvalorizado pelo sujeito doador.

"Há mais felicidade em dar do que em receber."

"Deus ama a quem dá com alegria."

Aquele vintenzinho da viúva do Evangelho tinha mais qualidade positiva, mais valor qualitativo, do que todo o dinheiro dos outros doadores, cujas doações eram apenas quantitativas, neutras, ou até negativas.

Quem espera receber algo da natureza ou da humanidade é o ego humano, e não o Eu divino, porque este só recebe de Deus, do Infinito, a fim de o distribuir no plano dos Finitos. O homem tem, aqui na terra, a missão de receber do Infinito e distribuir no Infinito. Receber na vertical, e distribuir na horizontal.

O receber do Infinito e o querer-dar no Finito é a própria natureza do Universo essência-existência. O Infinito, sendo absoluta Plenitude, não pode receber, porque tudo tem e tudo é; mas a sua natureza se revela num incessante dar, num fluir como aos Finitos. Por isto, todo homem, quanto mais próximo está do Infinito, mais quer dar, e tanto menos deseja receber. E, segundo a Lei eterna, quanto mais liberalmente o homem dá aos Finitos, tanto mais abundamente recebe do Infinito.

Deus é 100% doador e 0% recebedor; quanto mais o homem desperta em si a consciência divina — "eu e o Pai somos um" — tanto mais é o doador e tanto menos recebedor. Onde há abundância e plenitude, aí há irresistível transbordamento, do Infinito rumo aos Finitos.

Se o sol não fosse plenitude de luz, não poderia iluminar os espaços cósmicos.

Se o mar não fosse plenitude de águas, não poderia inundar a terra, em forma de chuvas benéficas, distribuindo o seu conteúdo a todas as creaturas.

Quanto maior é o Ser do homem, tanto menor é o seu desejo de Ter.

A mania de querer-ter nasce da pobreza do Ser.

Quem é *Alguém* pela plenitude do Ser, de poucos *Algos* necessita para ter o suficiente.

Os que hipertrofiam os *Algos* atrofiam o *Alguém* — e, por fim, o Alguém definha e morre, asfixiado pelos Algos.

Quando o *Ser-Alguém* sobe ao zênite da sua potência, então o Ter-Algo desce ao nadir da sua impotência.

O pouquíssimo que Mahatma Gandhi deixou, após a sua morte, prova o muitíssimo que ele era, em vida.

Quando Jesus deu o derradeiro suspiro na cruz não tinha mais nada, nem sequer as roupas do corpo, que já andavam nas mãos dos soldados romanos; e, antes de morrer, se desfez dos dois tesouros vivos que ainda possuía, sua mãe e seu discípulo amado — "Eis aí teu filho — eis aí tua mãe!...

E assim, plenamente liberto das coisas do ego humano, podia ser o seu Eu divino voar livremento ao Infinito — "Pai em tuas mãos entrego o meu espírito..."

Pode-se dizer, em resumo, que toda a grandeza do homem consiste no grau do desapego voluntário de todas as coisas do ego, porque, *segundo uma Lei eterna, a afluência da plenitude é diretamente proporcional à existência da vacuidade: o grau da presença corresponde ao grau* da ausência.

A vacuidade, a ausência de apego, deve ser produzida pelo livre-arbítrio do homem; a plenitude, a presença da riqueza, é realizada pela Lei Cósmica, pelo Infinito, pela Divindade.

Se o homem conseguisse 100% de desapego voluntário, pelo Ser-Alguém, o Ter-Algo seria tão abundante na humanidade que o reino dos céus seria proclamado sobre a face da terra, aqui e agora.

E a Beatitude Cósmica seria gozada por todos os habitantes do globo.

Cosmoterapia: realização do homem integral

Todos os grandes mestres da humanidade — sobretudo o Cristo — são unânimes em afirmar que o homem realiza a prosperidade da sua vida externa quando espiritualiza a sua vida interna. As conhecidas palavras do Nazareno "não andeis solícitos pelo que haveis de comer e de vestir — procurai em primeiro lugar o reino de Deus e sua justiça, e todas as outras coisas vos serão dadas de acréscimo" — estas palavras são extremamente absurdas aos olhos de qualquer homem inexperiente; parecem expressão de um grande idealismo, e ao mesmo tempo da ausência total de um realismo prático.

E, aparentemente, os profanos têm razão em não aceitar esse idealismo espiritualista; pois não vemos todos os dias que essa focalização unilateral da consciência espiritual não realiza as coisas materiais das quais temos incessante necessidade? Não falemos agora das coisas de imediata e indispensável necessidade para a vida de cada dia. Se eu não sei donde tirar o feijão e o arroz, o pão e a carne, para mim e minha família; se não tenho recursos para pagar o meu aluguel, o ônibus de cada dia, os impostos, a luz elétrica, o telefone e outras coisas inseparáveis da vida moderna, e se eu me puser a rezar, a rezar intensamente, se fizer uma ou mais hora de meditação espiritual — será que estas coisas indispensáveis caem do céu sobre a minha mesa?

Todos nós sabemos que essas coisas indispensáveis não aparecem, e, se eu persistir em realizar e meditar, morrerei rezando, e todos os meus acabarão na miséria e na mendicidade.

Isto é tão certo como duas vezes dois são quatro, tão certo como é certo como o sol nasce cada dia no oriente e se põe no ocidente.

E, no entanto, continuam os grandes mestres da humanidade a afirmar categoricamente que é suficiente procurar as coisas espirituais, e que todas essas coisas materiais virão por si mesmas, sem serem procuradas.

Como explicar esse estranho paradoxo?

Será que todos esses mestres, o Cristo à frente, são uns pobres enganados? Ou são uns perversos enganadores? Ou são uma e outra coisa ao mesmo tempo?

* * *

Vamos devagar, passo a passo, a ver se conseguimos solver esse enigma.

Antes de tudo, é necessário que tenhamos absoluta certeza e clareza sobre uma verdade fundamental: *que a Infinita Realidade está presente em todas as coisas Finitas*; que os Finitos só existem como manifestações parciais da Realidade Infinita Total. Os seres vivos existem porque neles está presente a Vida; as Existências Finitas são manifestações parciais da Essência Infinita.

Esta presença do Infinito em qualquer Finito é um *fato objetivo* — mas nem em todos os Finitos existe a consciência *subjetiva* desse fato.

A natureza infra-humana, — embora esteja imersa no mar do Infinito, e esse Infinito esteja presente em qualquer ser da natureza, o mundo mineral, vegetal e animal — não tem consciência dessa presença do Infinito nele.

Aqui na terra, somente o homem pode ter consciência deste fato.

O homem pode ser *consciente* dessa presença — e pode também ser inconsciente (talvez melhor, semi-consciente) dessa presença.

Quem *pode*, deve.

E quem, *podendo e devendo* ser consciente, *não é consciente*, cria em si uma atitude de *débito*, de culpabilidade. E é isto que acontece no homem-ego, que, podendo e devendo ter consciência da presença do Infinito nele, não possui essa consciência; não sabe que o Infinito está nele, e se ele está no Infinito; o homem-ego não sabe que "de si mesmo (pelo ego) ele nada pode fazer; mas quem faz as obras é o Pai (o Eu) que nele está."

Essa inconsciência culpada do homem-ego cria nele um estado *negativo*, anti-realista, anti-cósmico. O homem-ego é um separatista, sentindo-se desligado da grande Fonte Cósmica, do *Uno*, e só tem consciência do (di)*Verso.*

Destarte, o homem-ego faz de si um *canal sem fonte.*

Será que um canal, ou encanamento, por si mesmo, pode produzir água?

Certamente, é possível tirar água da torneira de um encanamento, suposto que se tenha deitado água nele, com um balde ou regador; e sai justamente tanta água da torneira quanta foi deitada no encanamento, nem uma gota mais.

É esse precisamente o estado do homem-ego. Ele tem de colher aquilo que semeou. Tira das coisas Finitas tanto quanto nelas deitou. Se deixa deitar água no encanamento, não vai tirar água da torneira. Se deixa de tomar as devidas providências, não vai ter produtos, feijão, arroz, pão, carne, ou dinheiro para comprar essas necessidades.

É assim que o homem-ego se move num eterno círculo vicioso, de produzir e colher...

E, quando lhe faltam as coisas necessárias, possivelmente se lembra de invocar poderes extramundanos para receber auxílio deles; o homem-ego, quando crente, reza, pede, tenta fazer negócio com a Divindade, para pôr água nos encanamentos da sua humana previdência; e, por vezes, consegue de poderes extramundanos inesperados auxílio, no plano das suas previdências humanas.

Mas todo o seu rezar e pedir não sai fora da zona dos canais; se há mais água na torneira, é porque os canais foram grandemente ampliados e alongados, talvez por muitos quilômetros, de maneira que a fluência das águas é notavelmente aumentada. Mas... não há ligação com uma fonte perene, que independa dos encanamentos.

A solução não está no aumento dos canais do ego — *a solução está unicamente no contacto do canal com uma Fonte original.*

Que é essa Fonte?

Essa Fonte é o Infinito.

Onde está esse Infinito?

Está presente em todos os Finitos — também no homem.

Mas, se a Fonte Infinita está presente no homem, porque não garante um fluxo contínuo através dos seus canais?

Porque, no homem consciente e livre, o fluxo da Fonte Infinita através dos canais finitos depende da consciência que o homem tenha dessa presença do Infinito no Finito.

Na natureza infra-humana, há um fluxo permanente, porque da natureza infra-humana não se exige consciência; o fluxo se realiza automaticamente, pelo canal inconsistente do instinto, que é a inteligência automática da natureza.

No homem, porém, não há esse fluxo automático; tem de ser um fluxo espontâneo, consciente e livre.

Sendo, porém, que a índole

do homem-ego, é visceralmente separatista, negativista, o ego não liga o seu canal com a Fonte. E por isto, na vida do homem-ego há somene aquela medida dos bens da vida que ele mesmo produzir pela força do seu ego-consciente, que é muito limitado e precário.

* * *

Quando então o homem descobre que há uma Fonte perene para além de todos os seres intermitentes, que essa Fonte perene é inesgotável e flui dia e noite; então não há nenhuma necessidade que o homem deite água nos encanamentos das suas previdências humanas, porque descobriu a Fonte da Previdência divina; descobriu a Fonte Absoluta para além de todos os seus canais relativos. E, uma vez ligado à Fonte perene do Infinito o canal finito, pode o homem ter certeza de que nunca faltará água na torneira.

E, pela primeira vez, compreende o homem que o "reino de Deus e sua justiça" é a Fonte perene do Absoluto e Infinito, e que "todas as outras coisas", todas as necessidades da sua vida material, fluem espontaneamente dessa Fonte.

A partir daí, não precisa mais ganhar o seu pão "no suor de seu rosto", arrancando-o da natureza; muito menos tem necessidade de tirar dos outros homens os bens da vida; esse processo de transferência — seja da natureza, seja dos outros homens — se tornou inteiramente supérfluo.

O homem-Eu — que sucedeu ao homem-ego, a partir daí, vive para trabalhar, mas não trabalha para viver.

Mas, enquanto a semi-consciência do homem-ego não se transformar na pleni-consciência do homem-Eu, que traz em si a fonte das águas vivas, não haverá fluxo permanente de águas, isto é, dos bens da vida material. E, enquanto não se realizar esse processo interno, não adianta rezar, pedir, porque falta contato entre os canais e a Fonte.

Quando o homem vive conscientemente o fato da presença do Infinito no Finito — "o Pai está em mim... e eu estou no Pai" — então a Fonte Infinita começa a fluir através dos seus canais finitos, mantendo-os sempre plenos de todos os bens da vida. E o homem pode viver tranqüilo e despreocupado em todos os planos da sua vida material, porque a Fonte Infinita garante o suprimento constante de todas as coisas finitas e necessárias.

A Fonte Infinita é o grande Simbolizado — os canais finitos são os pequenos símbolos. Uma vez estabelecido o contato consciente com a Fonte, todos os símbolos — dinheiro, emprego, saúde, bem-estar, boas relações sociais, etc. — aparecem por si mesmos, como corolários e conseqüências naturais do "reino de Deus".

* * *

Mas, é dificílimo ao homem profano inexperiente crer nessa matemática cósmica. Se lhe faltam as coisas necessárias — dinheiro, roupa, alimento, casa — será que o homem-ego pode produzir essas coisas?

Em caráter precário e transitório, essas coisas parecem ser produzidas pelo ego; mas não são duráveis, nem dão satisfação a seu possuidor.

O homem-ego, sendo essencialmente míope, não percebe que esse modo de arranjar as coisas são necessárias não é um mergulho na Fonte Infinita: é apenas um prolongamento dos canais ego-fabricados. É "remendo novo em roupa velha". Esse arranjo do ego não é a cura do mal — é apenas uma repressão temporária de sintomas do mal — e isto é charlatanismo.

O ego é *produtivo.*

O Eu é *creativo.*

Produzir (ou criar) quer dizer passar de um finito a outro finito.

Crer (não *criar*) quer dizer passar do Infinito para o Finito.

Sendo que todas as coisas Finitas estão contidas no Infinito, o homem-Eu, que descobriu o seu poder creador, tira da Fonte do Infinito todas as coisas finitas da vida.

Esse tirar-do-Infinito não dispensa necessariamente os elementos finitos já existentes. Jesus fez vinho de água, fez pão e peixe da luz cósmica. O Eu divino no homem possui esse poder creador, que pode ser um processo do Ser Universal para o Existir Individual, como também uma forma definitiva de uma coisa existente, um aperfeiçoamento de um existente em outro existente.

Todo o problema está em conseguir ser suficiente intensidade, ou densidade, de consciência para romper a barreira de tempo e espaço e remontar ao Infinito e Eterno.

Mas, como o Infinito e o Eterno estão no homem, são a quintessência da sua natureza, o homem pode ter plena consciência desse Infinito e Eterno, suposto que avance até ao íntimo reduto da sua natureza humana.

Transformação cósmica da vida

Todos os grandes mestres da humanidade proclamaram a necessidade de transformação da vida humana na terra — nenhum deles ensinou *confor-*

mismo nen escapismo, como é de uso e abuso entre os seus chamados discípulos.

Os materialistas acham que o homem deva conformar-se passivamente com as misérias da vida terrestre, extraindo da existência a maior soma de conforto e prazer, e depois morrer para sempre. Os espiritualistas acham que a vida humana pode ser transformada em algo melhor, mas só depois da morte e em regiões distantes do Universo, que chamam "céu"; a vida presente, dizem eles, é necessariamente culpa e pena, sofrimento universal e inveitável. Não aprovam os crimes dos exploradores, mas acham que os exploradores devem conformar-se com a situação, até que soe a hora da libertação, em outros tempos e outros espaços.

Tanto o conformismo dos materialistas como o escapismo dos espiritualistas são incompatíveis com o espírito de *transformismo* dos verdadeiros mestres da humanidade, que proclamam, todos eles, a possibilidade de uma profunda transformação da humanidade, aqui e agora.

Transformação, em virtude de que força?

Em virtude de uma força que existe em cada homem, mas se acha em estado de dormência na maior parte dos homens. "O homem pode fazer tudo que quer — escreveu Schopenhauer — mas não pode querer tudo que quer." E por que não pode o homem querer tudo que quer, ou que quisera poder? Porque o "poder querer" depende de um certo grau de experiência ou compreensão interior — e poucos estão dispostos a crear em si esse ambiente, no qual poderia vingar esse "poder querer", cujo nascimento exige a morte de algo que o velho ego não quer ver morrer. "Se o grão de trigo (ego) não morre, ficará estéril"...

Aqui estamos na fronteira de duas causalidades, a causalidade mecânica, que nos escraviza, e a *casualidade dinâmica*, que nos liberta. Aquela é uma *continuação*, cadeia de muitos elos concatenados — esta é um novo *início*, cuja causa não jaz lá fora, em algum elo anterior, escravizante, mas dentro do próprio homem; essa causa interna é o próprio Eu humano, divino, onipotente, que pode causar tudo, mas não é causado por nada.

Esse novo início, essa causalidade dinâmica, essa causa causante e não causada, essa onipotência dormente dentro do homem, é o seu livre-arbítrio, o seu onipotente "eu quero".

Enquanto o homem deixar dormir essa onipotência "Eu", é ele chutado como uma bola de jogo, pelas circunstâncias tirânicas, como se fosse impotente, quando de fato é onipotente; mas uma onipotência dormente é uma impotência — e daí vem todas as misérias e fraquezas do homem profano. A solução não está na *presença* da onipotência, a solução está na *consciência* dessa presença onipotente. Deus está onipresente, mas, dentro dessa onipotente presença de Deus existem todas as misérias e fraquezas do homem — por quê? Porque o homem não tenha consciência dessa presença libertadora, e por isto é escravo. Quando o homem passa da *inconsciência* da presença onipotente, para a *consciência* dessa presença onipotente, então se torna partícipe dessa onipotência, porque lançou uma ponte entre si e essa presença, e essa ponte, que é a consciência (a "ciência com") o põe em contacto com a onipotência do Universo. A nítida consciência da presença *universifica* o homem, e, como o Universo é onipotente, o homem assim universificado também é onipotente.

"Tudo é possível àquele que tiver *fides* (fé)... e nada é impossível àquele que tiver fides"...

Fides é o radical de *fidelidade*; o homem que tiver fidelidade, harmonia, sintonia, como o Todo Onipotente, também participa dessa onipotência; mas, se não estiver em sintonia ou fidelidade com a Onipotência Cósmica, é fraco e impotente.

Se as *cirscunstâncias externas* derrotam o

homem, de quem é a culpa? A culpa é do própro homem, porque ele não evocou do sono a sua *substância interna.*

Quando o homem descobre, finalmente, o "tesouro oculto do reino de Deus", que está nele, embora ígnoto, então entra ele em contato direto com a "energia nuclear", que é o seu Eu divino, essa "luz do mundo", capaz de permear e transformar, pelo poder da *substância interna*, todas as circunstâncias externas.

As nossas igrejas dizem que o homem tem o dever de se transformar, mas não lhe dão o poder para essa transformação; e por isto o homem se convence de que essa metamorfose não é possível, aqui e agora: se possível é, deve ser no futuro, após-morte, em alguma longínquoa galáxia do cosmos. Esperam muito da morte — como se a morte fosse mais poderosa que a vida...

A Filosofia Cósmica, a Sabedoria Univérsica, a Mensagem Crística, afirma que essa transformação é possível, aqui e agora, pela onipotência do nosso Eu divino, tornado consciente, pleniconsciente; e mostra ao homem o caminho e o processo de despertar em si essa onipotência dormente.

Esse poder está no "núcleo" do homem; e uma absoluta *fides* ou fidelidade a esse núcleo divino extrai dele essa "energia nuclear". Quando o homem vive a verdade "Eu e o Pai somos um", "Vós sois deuses" — então se torna ele onipotente. E todas as fraquezas do homem acabam em força, todas as suas ignorâncias culminam em sapiência...

A ignorância e o erro escravizam o homem — a sabedoria o liberta.

A verdade é a experiência vital "Eu e o Pai somos um"...

O caminho para essa experiência mística é uma profunda *fides* aliada a uma genuína ética da vida diária, porque, sem essa ética, não é possível uma verdadeira fidelidade à Realidade Suprema.

Essa vivência ética, que preludia a experiência mística, é, no princípio, um "caminho estreito" e uma "porta apertada"; mas acaba, no fim, em um "jugo suave" e num "peso leve". Por causa dessa dificuldade inicial, muitos homens deixam de descobrir a facilidade final; muitos preferem ser *alegremente maus a viverem tristonhamente bons* — porque não descobriram ainda o maravilhoso elixir de serem *alegremente bons*.

MINUTOS
DE SABEDORIA
Carlos Torres Pastorino
Formato: 8x12
304 págs.
Editora Vozes
C. P. 25689-900
Petrópolis - RJ
(Ver pág. 130)

Minutos de Sabedoria

C. TORRES PASTORINO

Eis aqui alguns dos poderosos "minutos" de otimismo extraído do pequeno-grande livro *Minutos de Sabedoria*, de C. Torres Pastorino, publicado pela Editora Vozes de Petrópolis.

Esta jóia da literatura espiritual é o maior fenômeno editorial brasileiro. Desde sua 1ª edição, publicada em 1960, vendeu mais de cinco milhões de exemplares e já está se aproximando da 40ª edição.

Sobre o seu trabalho diz o autor:

"A obra que apresentamos nada tem de original.

A Sabedoria Eterna é patrimônio da Humanidade que busca elevar-se moral, intelectual e espiritualmente.

Respingando aqui e ali, reunimos esses pequenos trechos, que durante anos foram apresentados, nas diversas horas do dia, através do microfone de Rádio Copacabana, do Rio de Janeiro.

Muitas pessoas pedem-nos cópias desses pensamentos. E a tal número ascenderam os pedidos nesse sentido, que julgamos melhor apresentá-los enfeixados num livro, para aproveitamento dos que o desejarem.

Não é livro, tampouco, para ser lido de jato: é para ser conservado à mão, e aberto nos momentos de depressão, a fim de aí buscar um pouco de lenitivo ao espírito perturbado.

Podemos dizer isso sem vaidade, porque (já o afirmamos acima) os pensamentos que aqui se encontram reunidos provêm das mais variadas fontes, tendo de nosso apenas a apresentação.

Possa esta pequenina obra fazer bem a uma pessoa que seja, e teremos como bem empregado o tempo despendido em sua confecção."

1

Não critique!

Procure antes colaborar com todos, sem fazer críticas.

A crítica fere, e ninguém gosta de ser ferido.

E a criatura que gosta de criticar, aos poucos, se vê isolada de todos.

Se vir alguma coisa errada, fale com amor e carinho, procurando ajudar.

Mas, sobretudo, procure corrigir os outros, através de seu *próprio exemplo.*

2

Deus está em toda a parte ao mesmo tempo, em redor de você, dentro de você!

Jamais você está desamparado. Nunca está só.

Não permita que a mágoa o perturbe: procure manter-se calmo, para ouvir a voz silenciosa de Deus dentro de você.

Assim, poderá superar todas as dificuldades que aparecerem em seu caminho, e há de descobrir a Verdade que existe em todas as coisas e pessoas.

3

Lembre-se de que colheremos, infalivelmente, aquilo que houvermos semeado.

Se estamos sofrendo, é porque estamos colhendo os frutos amargos das sementeiras errôneas do passado.

Fique alerta quanto ao momento presente!

Plante apenas sementes de otimismo e de amor, para colher amanhã os frutos doces da alegria e da felicidade.

Cada um colhe, exatamente, aquilo que plantou.

6

Resolva seu problema!

Há muito tempo você se propõe reformar sua vida, melhorar seus atos, cessar definitivamente suas fraquezas.

Vamos, então, começar a partir deste momento!

Não deixe para amanhã o que pode fazer hoje...

De certo você não há de resolvê-lo do dia para a noite.

Mas, comece já!

E se cair de novo, não desanime: saiba recomeçar quantas vezes for preciso!

7

Embora sozinho, continue a caminhada!

Se todos o o abandonarem, prossiga sua jornada.

Se as trevas crescerem em seu redor, mais uma razão para que você mantenha acesa a pequenina chama de sua fé.

Não deixe que sua luz se apague, para que você mesmo não fique em trevas.

Ilumine, com sua luz, as trevas que o circundam.

8

Cada um de nós é responsável por seus atos.

Por que vai desanimar, pelo que os outros fizeram a você?

Que tem você que ver com isso?

Siga à frente, ainda que o mundo inteiro esteja contra você.

Você há de vencer, mesmo que fique sozinho.

Continue sem desânimo, porque você é o único responsável por seus atos.

9

Nossa mente está mergulhada na Mente Divina que sustenta os universos infinitos.

Nossa força mental permanece impregnada da Força Mental divina, que está em toda a parte ao mesmo tempo.

Procure manter-se unido a essa Força Infinita, e jamais será derrotado.

Você tem esse poder: confie!

Você vencerá, em toda a linha, se o quiser.

12

Não aceite maus conselhos!

Não se deixe sugestionar por palavras de desânimo!

Sempre existe uma saída para qualquer problema, por mais complexo e difícil que nos pareça.

A Força Divina que rege os universos está dentro de nós.

Ligue-se ao Pensamento Universal de Bondade e Amor, e vencerá todos os obstáculos.

13

Pense positivamente!

Nossos pensamentos emitem ondas reais que se irradiam de nosso cérebro, formando uma atmosfera mental que é peculiar a cada pessoa.

De acordo com o tipo de vibração do pensamento, atrairemos a nós todas as ondas semelhantes.

Se você pensar negativamente, atrairá todos os pensamentos negativos, piorando seu estado.

Pense positivamente, para atrair apenas pensamentos positivos de paz e prosperidade.

14

Mantenha uma atitude vitoriosa!

Quando você olha para uma

pessoa curvada e triste, perde a confiança, porque verifica que está abatida e preparada para uma derrota.

Não deixe que ninguém pense isso a seu respeito!

Mantenha-se de cabeça erguida, confiante e risonho, e todos confiarão em você.

Irradie força e entusiasmo até por meio da atitude de seu corpo.

15

Não esteja ansioso e preocupado, para não atrair moléstias para seu corpo.

A ansiedade é um fator bioquímico, que influencia as secreções glandulares, produzindo demasiada adrenalina, que estimula em exagero o sistema nervoso.

Daí à enfermidade é um passo.

O nervosismo prejudica fundamentalmente a saúde.

Portanto, não seja ansioso: faça constantemente afirmações positivas de saúde, e mantenha-se calmo e sereno.

22

Cumprimente a seus amigos com alegria.

Muitas vezes, uma simples saudação alegre e espontânea conquista um coração e consola uma dor.

A saudação triste e acabrunhada pode instilar veneno num coração alegre.

Derrame alegria e bondade, ao encontrar uma pessoa conhecida, e já terá conquistado os benefícios de uma boa ação meritória.

Que seus amigos sintam o calor de seu coração afetuoso no simples cumprimento alegre.

23

Trate com afabilidade a todos.

O vizinho que senta a seu lado na condução não é seu inimigo, nem seu concorrente.

Trata-se, sempre, de seu irmão, a quem você precisa acolher com simpatia.

Não procure brigar com ele, para conquistar maior conforto: dê você mais conforto a ele.

Mesmo insensivelmente, você receberá de volta as vibrações de gratidão de seu coração.

38

Policie suas palavras.

Evite termos impróprios e anedotas pesadas.

Lembre-se de que tudo o que dizemos permanece em nossa atmosfera mental, atraindo aqueles que pensam da mesma forma, e que passarão a formar o círculo comum em redor de nós.

Não ofenda com palavras baixas os anjos de Deus, que se afastarão de você horrorizados.

A boa educação se manifesta também através das palavras que partem de nós.

39

Deus está dentro de nós em todas as circunstâncias da vida.

Quer você esteja praticando uma boa ação, quer esteja agindo errado, Deus está dentro de você.

Quer você sinta felicidade, quer esteja ferreteado pelo sofrimento, Deus está dentro de você.

Procure não esquecer esta verdade, em nenhum momento de sua vida.

Deus está dentro de você!

50

Se tiver que discutir, faça-o com serenidade.

Lembre-se de que seu adversário tem os mesmos direitos que você, de fazer-se ouvido.

Ouça-o com a mesma atenção que gosta de receber.

Não tumultue a discussão: os direitos dele são iguais aos seus.

E, quem sabe, muitas vezes a razão estará com ele.

Então, discuta com serenidade, e conquiste fama de sábio e de homem bem educado.

51

Aprenda a respirar.

A respiração é nossa principal função biológica e através dela fornecemos ao organismo a vida e a saúde, trazidas a nós pela Energia Cósmica.

Tudo o que vive, respira: plantas, animais e criaturas humanas.

Se impedirmos a respiração, dá-se o fenômeno da morte.

A respiração é a fonte da vida.

Cada vez que aspiramos, introduzimos no organismo a Energia Cósmica, que é Fluido Divino.

Aprenda a respirar conscientemente e evitará numerosas doenças.

56

Seja otimista!

Procure subir, e espere sempre que o melhor lhe aconteça.

Embora as aparências sejam contrárias, confie em Deus, que está dentro de você, porque n'Ele existe a solução de todos os seus problemas.

Olhe para o lado certo da vida, para a felicidade e o progresso, e não detenha jamais sua subida.

Seja otimista, e há de vencer!

57

Não pare jamais de trabalhar para o bem!

Cada vez que paramos, nossa alma começa a ficar na rigidez cadavérica.

A alma inativa morre de tédio e cansaço.

Não deixe que seu espírito se enfraqueça na inação.

Viva alegre e entusiasta e empregue todas as suas forças na plantação do bem, do amor, do carinho no coração daqueles que o cercam na vida.

72

Seja alegre e otimista!

Quando se dirigir a seu trabalho, faça-o de coração alegre.

O trabalho que você executa é digno de sua pessoa.

Por menor que pareça, é de suma responsabilidade para você e para o mundo.

Não se esqueça jamais de agradecer a Deus o trabalho que lhe proporciona o pão de cada dia.

Chegue ao local do trabalho com o coração feliz, e o trabalho se tornará um passatempo, um estimulante, que lhe trará, cada novo dia, imensas alegrias e felicidade incalculável.

73

Deus nos guia sempre, dando-nos a orientação de nossa vida.

Mas precisamos ser receptivos, para ouvir Sua voz, sabendo-a interpretar através das circunstâncias que cercam nossa vida, levando-nos ao maior progresso espiritual de nosso ser.

Procure meditar silenciosamente, para ouvir a voz de Deus, que o guia, sem jamais abandoná-lo.

76

Não limite o poder de sua vida!

Não pense que conseguirá tudo o que deseja, numa só existência.

Mas confie, porque a vida é eterna, infindável.

Não pense também que, depois desta, irá iniciar uma vida diferente: nada disso!

Esta mesma vida é que continuará sempre.

Portanto, procure aumentar seus conhecimentos e aperfeiçoar-se, verificando como a rápido o momento atual, comparado com a eternidade!

77

Coloque Deus, conscientemente, em tudo o que faz, em todos os seus problemas.

E verificará que seus sofrimentos se transformarão em experiência e aprendizado.

Coloque Deus em todos os seus pensamentos, e sua vida se transformará num hino de alegria e louvor, porque as dores se esvairão como as trevas, que desaparecem aos primeiros clarões das luzes da aurora...

82

Tenha bom ânimo e coragem: você vencerá todas as dificuldades!

A vida apresenta-nos problemas às vezes difíceis.

Mas dificuldades superada é problema resolvido.

Jamais desanime: você há de vencer galhardamente todos os problemas que se lhe apresentarem.

Se o problema for complexo, divida-o em partes, e vença cada uma delas separadamente.

Mas não desanime jamais!

83

Deus é a Energia Cósmica universal, que habita dentro de você e de tudo o que existe nos universos infinitos, dando-lhes vida e força.

Confie nessa força inesgotável, que está dentro de você.

Mantenha sua mente ligada a ela, e não mais se lamente do que lhe desagrada ou faz sofrer.

Sorria diante das dificuldades e confie n'Aquele que o fortalece e vivifica.

84

Mantenha elevado seu otimismo na vida!

Quem possui o coração cheio de amor, nada teme! Arrosta todos os vendavais da vida, com um sorriso nos lábios.

Procure amar a todos e a tudo, mesmo àqueles que o fazem sofrer, e você se estará tornando perfeito, como o Pai Celestial, que dá a todos, sem distinção — bons e maus, justos e injustos — as mesmas oportunidades de salvação.

85

Não alimente inimizades!

Procure fazer as pazes com todos aqueles que estão de mal com você.

Aproveite a oportunidade de estar ao lado de seus adversários, para fazer-lhes bem, em troca do mal que lhes fizeram.

Não deixe escapar o ensejo de anular o mal em torno de você, enquanto estiver na Terra, para que, ao sair dela, tenha sua consciência tranqüila.

88

Sua luz deve brilhar de dentro para fora.

Procure manifestar a todos a luz interior que vibra em você, através de seus atos e de suas palavras de compreensão e de otimismo.

Seja você mesmo sua própria luz, iluminando a todos com suas palavras de conforto e incentivo, com seu sorriso de entusiasmo e de encorajamento, com seu exemplo de fé e otimismo.

89

Não perca sua serenidade.

A raiva faz mal à saúde, o rancor estraga o fígado, a mágoa envenena o coração.

Domine suas reações emotivas.

Seja dono de si mesmo.

Não jogue lenha no fogo de seu aborrecimento.

Esqueça e passe adiante, para não perder sua serenidade.

Não perca sua calma.

Pense, antes de falar, e não ceda à sua impulsividade.

94

Deus habita dentro de você!

Deixe, então, que Sua bondade se manifeste através de seus olhos, tornando-os brandos de compreensão, quentes de compaixão, ternos pelo perdão constante a todos...

Que nenhum olhar de impaciência ou condenação tolde a beleza de sua vida!

Que sua fisionomia irradie contentamento de felicidade, de tal forma que todos os que se aproximem de você sejam contaminados por seu otimismo!

95

Com os nossos pensamentos e palavras, construímos o verdadeiro mundo em que vivemos.

Por isso, nossa vida e nossa felicidade dependem exclusivamente de nossos pensamentos e de nossas palavras.

Vigie o momento presente, para que seu futuro seja feliz.

Plante sementes de otimismo e de amor, para colher amanhã os frutos da alegria e da felicidade.

162

Viva com simplicidade.

Por que complicar as coisas?

Você acabará atrapalhando sua própria vida, porque as complicações nos atrasam.

Seja simples e eficaz.

A simplicidade olha a natureza sem colocar óculos.

Quando puder resolver as coisas sem complicá-las, faça-o em seu próprio benefício.

Busque na simplicidade a solução de todos os seus problemas.

163

Mantenha seu equilíbrio.

O equilíbrio depende da serenidade da mente.

Jamais se aborreça nem se exalte.

Não ligue importância às coisas passageiras que lhe vem de fora.

Não se impressione com o que os outros dizem.

Siga a conduta ditada por sua consciência, e não perca seu equilíbrio.

Caminhe para a frente, alegre e certo de que há de vencer, por maiores que sejam as dificuldades do caminho.

166

Não sinta medo, para não atrair críticas.

Se tem certa maneira de comportar-se que sabe que está certa, mas os outros julgam errada, não tenha medo.

Se tiver, atrairá uma onda de críticas e maledicências.

Se não tiver medo, ninguém terá coragem de falar de você.

O medo irradia forças negativas, que atraem críticas.

Se você não teme, paralisa a críticas nos outros, que se sentem tolhidos e dominados por sua força mental positiva.

167

Não se deixe levar pela zanga nem se impaciente.

Não permita que a inveja, a malícia, a idéia de vingança e o ressentimento encontrem lugar em sua mente.

Essas emoções criam distúrbios no consciente e agem negativamente sobre seu corpo e seus tecidos, prejudicando a saúde.

Cultive a paciência, a tolerância, o perdão e o amor para com todas as criaturas.

174

Para que discutir?

Repare que, muitas vezes, um pequenino gesto, uma simples ação de benefício, equivalem a milhares de palavras, que o vento leva.

A quem você quiser convencer de suas idéias, dê o exemplo vivo de suas ações.

Um exemplo vale mais do que muitos discursos.

Que adianta pregar aos outros se você não pratica?

Dê o exemplo de suas ações, e conquistará a todos para suas idéias.

175

Seja alegre e otimista: Deus está dentro de você.

Não faça como os tolos, que pensam que Deus está muito longe, sentado num trono de ouro.

Nada disso.

Não o procure nas nuvens ou nas estrelas, tão alto que não o possa atingir.

Ele está dentro de você, e

lhe fala silenciosamente, pela voz de sua consciência.

Procure descobri-lo, vivendo com pureza de coração e amando a todos como a si mesmo.

176

Convença-se de que o mundo não é um parque de recreio: é um ambiente de trabalho!

Não é um feriado que nos tenha sido dado para repousar, mas um curso de aprendizado intensivo.

Procure, pois, aprender o máximo, aplicando à sua vida o maior mandamento: ame a todos indistintamente, e verá a felicidade morar dentro de seu coração.

Viva dando um exemplo vivo de amor em todas as suas ações.

177

Faça questão de ser alegre e otimista.

Nada na terra pode destruir a felicidade do homem otimista e alegre.

Se lhe chegarem dores, receba-as com calma e não se deixe atingir por elas.

Não coloque sua felicidade no que lhe vem de fora.

Construa sua felicidade dentro de você mesmo, fazendo consistir sua ventura no progresso constante da vida do espírito, na sabedoria do coração.

182

Não se deixe levar pelo extremismo.

Nem exagero para mais, nem para menos.

Saiba permanecer no meio-termo.

Se correr demais, cansará.

Se ficar muito parado, acabará consumindo o terreno debaixo dos próprios pés, e dentro de pouco estará pisando uma cova.

Não pare, mas também não queira correr demais.

Caminhe firme e com segurança, sem pressa, mas não se detenha jamais na senda do progresso.

183

Esqueça-se de um pouco de si mesmo e pense nos outros.

Nestas poucas palavras está encerrado o maior segredo da felicidade.

Quando nos preocupamos demasiado com nossas pessoas, nossos problemas crescem desmesuradamente.

Mas quando esquecemos de nós um pouco para cuidar dos outros, esquecemos nossos problemas que se vão resolvendo por si mesmos.

Então, esqueça-se de si mesmo, e pense nos outros, e achará a felicidade.

184

Todos nós somos iguais perante o Pai, que habita dentro de cada um de nós.

Vivendo o Pai em nosso íntimo, pouca importância dá ao nosso exterior, se somos brancos ou negros, pobres ou ricos, desta ou daquela religião.

Diante de Deus não contam as diferenças externas: só o interior importa: se somos bons ou maus, generosos ou avarentos, amorosos ou egoístas.

Pense nestas verdades!

185

Já pensou em agradecer a Deus pelo ar que respira, desde que nasceu, sem que jamais lhe tenha faltado?

O ar está sempre à sua disposição, de graça.

Agradeça ao Pai também a água que o dessedenta, o sol que ilumina seu dia, dando-lhe oportunidade de trabalhar, a noite que lhe proporciona o repouso, a saúde, a alegria, os amigos...

O agradecimento é uma obrigação que não devemos jamais esquecer.

188

Não confunda cultura com sabedoria.

A cultura vem de fora para dentro, penetra pelos olhos e ouvidos e pode fixar-se ou não em nosso cérebro.

A sabedoria, ao contrário, nasce de dentro de nós, e se exterioriza; surge no coração e só pode ser adquirida por meio da meditação.

Até os analfabetos podem conquistar a sabedoria, se souberem meditar em seus corações sobre as grandes verdades.

189

Desperte para a vida.

Medite em suas responsabilidades perante a humanidade e perante Deus.

De você dependem criaturas que o cercam, na família, no trabalho, na sociedade.

Não fuja à responsabilidade que você assumiu: realize seu trabalho com amor, produzindo o melhor que puder, e o máximo que suas forças o permitirem.

Em suas mãos está uma parte do futuro da humanidade.

190

Você não tem inimigos externos!

Inimigos nossos são os pensamentos errôneos que todos nós temos, e que lançamos ao ar, atraindo pensamentos semelhantes no próximo.

Na realidade, ninguém pode ser inimigo nosso, pois Deus habita dentro de cada um de nós.

Anule as inimizades emitindo pensamentos de tolerância e de amor a todas as criaturas, que são templos de Deus.

191

Seja alegre e otimista.

Não perca tempo em olhar para trás, para ver o que já fez.

Olhe para frente e caminhe confiante e alegre, praticando o bem e ajudando a todos.

Dê a mão a cada criatura que se lhe aproxima, diga sempre uma palavra de conforto e carinho, tenha para todos um sorriso de bondade, e a verdadeira felicidade passará a constituir seu clima permanente de vida.

284

Controle o tom de sua voz!

Já verificou como é desagradável quando alguém se dirige a você em tom áspero?

Pois faça aos outros o que gosta que os outros façam a você.

Mesmo quando repreender, faça-o com voz calma e educada, como gostaria que o repreendessem quando você erra.

Lembre-se de que, em geral, somos odiados ou amados, de acordo com o tom de voz que empregamos.

285

Cada dia, nova etapa de trabalho é iniciada!

Lembre-se de agradecer ao Pai o ensejo do repouso que lhe concedeu, e prepare-se para executar as tarefas, de que está encarregado, com alegria e boa vontade.

Agradeça, também, o trabalho que lhe proporciona o pão de cada dia, e procure executá-lo da melhor forma de que for capaz.

O trabalho bem executado traz-nos a alegria do dever cumprido.

288

Não acumule em seu coração desejos de vingança, detritos do mal.

Jogue-os fora, relevando e esquecendo o que lhe fizeram de mal, em palavras, atos e maledicências, calúnias e injustiças.

Esqueça!

Uma única pessoa lucrará com o seu perdão: você mesmo, que libertará seu coração do peso da mágoa e do ódio.

Seja inteligente: perdoe e esqueça, para ser feliz.

SELEÇÕES DO READER'S DIGEST
Formato 14 x 20
208 págs.
Julho de 1954
(Ver pág. 132)

O Gênio Incandescente

C. B. WALL

Edison, o Fundador do Otimismo

R. Stanganelli — o organizador deste livro — diz: "O otimista é um ser persistente e indomável. O otimista é a única pessoa que pode abraçar o mundo sorrindo, sem se ferir com seus espinhos.

Sabem por quê?

O otimista aprendeu que ter uma vida não basta; o importante é saber dirigi-la com lucidez, bom senso, compreensão e otimismo. Sabe também que é belo moldar-se uma estátua e dar-lhe forma, mas é muito mais sublime instruir, ensinar uma inteligência, dando-lhe o exemplo e indicando-lhe o melhor caminho — como fez Thomas Alva Edison."

Edison, acima de tudo, foi o rei da persistência e da paciência. Foi o criador e fundador do otimismo no mundo. Sua própria vida *foi sua* mensagem. *Nosso débito para com ele é imenso.*

Encerramos este livro com a publicação da condensação da biografia do grande inventor, O Gênio Incandescente, *de autoria de C. B. Wall, publicada originalmente pela* Seleção do

Reader's Digest, *julho de 1954. Pela importância do texto, educacionalmente, a direção da revista, para estimular a criatividade dos estudantes e dos leitores em geral, ofereceu, grátis, na ocasião, milhares de separatas da condensação, à escolas, colégios e outras instituições culturais.*

Nosso objetivo, ao republicar O Gênio Incandescente, *é dar ao nosso leitor, uma verdadeira mensagem de otimismo — que foi a própria vida do inventor. Edison* ensinou *otimismo,* vivendo *otimismo.*

Está morto há 47 anos e, contudo, faz parte de nossas vidas de mil maneiras.

Quando assistimos a televisão, ouvimos rádio, passamos um telegrama, escrevemos à máquina, falamos no telefone, vamos ao cinema, pomos um disco na vitrola ou acendemos uma lâmpada, estamos em débito para com o seu gênio.

Como é o nome dele? Thoma Alvas Edison.

Até mesmo numa era de gigantes Edison foi uma figura colossal e legendária.

Thomas Edison nasceu em Milan, Estado de Ohio, em 1847, sexto filho de Samuel Edison, proprietário de uma pequena serraria. Desde que começou a ensaiar os primeiros passos se revelou uma criança diferente. Numa noite de primavera, quando tinha cinco anos, seus pais foram achá-lo no curral de um vizinho, pacientemente agachado sobre uma ninhada de ovos de pato. Encontrava-se ali havia pelo menos dez horas e estava meio roxo de frio, mas mesmo assim protestou energéticamente quando o embrulharam num agasalho e o carregaram para casa.

— Posso chocá-los, disse Ele. Eu sei que posso chocá-los.

Na manhã seguinte voltou para o ninho logo que o dia clareou. Com isso, sua primeira experiência, demonstrou a inabalável tenacidade que iria assinalar toda a sua carreira.

Quando tinha sete anos, a família se mudou para Port Huron, no Estado de Michigan, onde Edison começou o que talvez tenha sido o mais breve curso regular que a história registra. Ao cabo de dois meses a professora falou com a mãe dele.

— Sinto muito, mas o seu menino parece positivamente retardado. Não há meio de ele querer aprender.

— Isto é um absurdo! — exclamou Nancy Edison. — Tom é um menino muito inteligente. Eu mesma vou ensiná-lo.

Nancy Edison era uma mulher fora do comum e a instrução que transmitiu ao filho foi também fora do comum. Depois de ensiná-lo a ler e a escrever, deixou que ele seguisse suas próprias inclinações. Antes dos dez anos ele estava lendo livros como a *Decadência* e *Queda do Império Romano*, de Gibson, o *Dicionário das Ciências* e livros sobre filosofia natural e as maravilhas do mundo.

Esses livros incitaram aquela mente jovem a fazer experiências. Aos poucos o porão da casa da fazenda se transformou num laboratório cheio de centenas de vasilhas e frascos. O jovem Edison sentiu-se sobremodo fascinado por uma descrição do recente invento de Samuel Morse. Ficava matutando sobre a construção das pilhas galvânicas, a ligação de linhas telegráficas, o desenho dos instrumentos, o código Morse.

Por volta dos 12 anos o rapazinho resolveu tentar a sorte para ver se conseguia independência financeira. O laboratório exigia materiais caros e ele comprava todos os livros novos sobre ciência a que apareciam. Assim, o inventor resolveu fundar um negócio. Persuadiu a estrada de ferro a darlhe a concessão para venda de jornais, doces e balas no trem diário entre Port Huron e Detroit.

Em Detroit, dentro em pouco, o jovem jornaleiro começou a passar as horas de folga na biblioteca da Sociedade dos Moços. Já tinha aprendido a ler depressa e conseguia percorrer vários volumes de tamanho regularr numa noite, retendo os fatos importantes numa memória prodigiosa, que parecia operar como uma câmara de alta velocidade. Começou pela letra A e resolveu ler todos os títulos dos 16.000 volumes da biblioteca.

Seu negócio prosperou, e dentro de três anos ele o havia ampliado, admitindo jornaleiros para outros trens e iniciado um negócio de frutas frescas e legumes.

O jovem Edison fez dezenas de amigos entre os telegrafistas, funcionários das estações e outros empregados da estrada de ferro, ao longo dos cem quilômetros da linha. Vendia-lhes manteiga fresca, frutas e legumes pelo custo e dava-lhes balas de tostão para as crianças e os jornais e revistas encalhados durante o dia. Em troca eles o ajudavam.

A Guerra Civil Americana estava no auge e Edison vendia melhor os jornais de Detroit quando se travavam as grandes batalhas. Num dia de abril de 1862 o jornal *Free Press* estava cheio de notícias sobre a grande batalha que se estava travando em Shiloh. Edison correu à estação e convenceu o telegrafista a telegrafar os títulos principais para as outras estações do percurso. Ele sabia que os agentes, amigos seus, os reproduziriam no quadro de avisos. Em seguida pediu ao departamento de circulação do *Free Press* 1.000 exemplares.

— Mil exemplares?!

O funcionário não podia acreditar; Edison em geral levava 300. Quando ele declarou que precisava comprar a crédito os mil exemplares, o outro sacudiu a cabeça. Edison explicou o esquema dos telegramas. Por fim, o funcionário o conduziu à presença do encarregado da circulação, que, por sua vez, o levou ao diretor do jornal.

Este ficou impressionado com o espírito de iniciativa do jovem e rabiscou uma ordem: "Entreguem ao rapaz quantos exemplares ele quiser."

Partiu Edison com os seus mil exemplares. Logo na primeira parada, a uns 20 quilômetros de Detroit, onde geralmente vendia dois jornais, era esperado por uma multidão que sofregamente adquiriu 40, arrancando-os da sua mão tão logo ele os apanhava. Na estação seguinte aumentou o preço de dois para dez centavos de dólar, e 150 exemplares foram embora. Depois disso ele elevou o preço para 25 centavos e vendeu o milheiro todo antes de chegar a Port Huron.

Com o que ganhou nesse proveitoso golpe o jovem Edison adquiriu uma impressora usada. Instalou-a no carro de bagagem e começou a imprimir um seminário de formato pequeno, *The Weekly Herald*. Nesse semanário, que o *Times* de Londres descreveu como o "primeiro jornal publicado num trem de viagem", ele publicava tudo quanto acontecia nas localidades que a linha férrea cortava; casamentos, nascimentos, óbitos, brigas e incêndios. O jornal teve boa saída desde que começou a circular, e o jovem diretor-proprietário passou a aceitar anúncios.

Para aumentar o interesse pelo *Herald*, Edison acrescentou-lhe uma coluna de mexericos, que assinava com o pseudônimo de "Paul Pry" (algo assim como "João Espião"). Nessa coluna registrava o último caso amoroso de fulano de tal; a incapacidade de beltrano para se portar quando bebia; as circunstâncias em que sicrano ficara com olheira num olho só.

Em vez de publicar os nomes, nas notícias mais fortes, o jovem jornalista tomava a ingênua precaução de dar apenas as iniciais das principais personagens. Como cem quilômetros de linha férrea não chegam a ser uma área extensa, bem depressa passou a haver muita gente querendo ajustar contas com ele. Afinal um cidadΔ, J. H. B., apanhou "Paul" quando ele caminhava pela margem do

Rio St. Clair e jogou-o dentro d'água com roupa e tudo. Edison, que a essa altura já tinha comitês de vigilância, constituídos por furibundos leitores, à sua espera a bem dizer em todas as estações, resolveu abandonar o jornalismo.

Ao lado da impressora manual o jovem Edison tinha instalado também um laboratório químico no qual fazia as experiências descritas nas obras científicas que lia. Certa tarde, num momento em que o trem quase tombou num trecho difícil da linha, o vidro de um líquido altamente combustível quebrou-se no chão e os jornais e outras miudezas inflamáveis pegaram fogo. Depois que o pessoal do trem conseguiu dominar as chamas. Edison e seus aparelhos e frascos foram atirados fora na primeira encruzilhada. Isso foi o fim da sua carreira ferroviária.

Foi também o começo de uma nova carreira. Quando ainda vendia jornais no trem, Edison tinha arriscado a vida para tirar um menino de três anos da via férrea, salvando-o de ser morto pelo trem que vinha chegando à estação de Mount Clemens. Reconhecido, o pai do menino, que era o telegrafista de Mount Clemens, se ofereceu para ensinar telegrafia a Edison. Este começou a praticar 18 horas por dia.

Todos os telegramas eram manuscritos, naquela época anterior à máquina de escrever. Edison, como era de seu natural, começou a experimentar vários métodos de letra para descobrir qual seria a mais rápida e mais legível. Finalmente deu com umas letras verticais, semelhantes a letra da imprensa, com caracteres tão distintos como gravura em aço e tão legíveis como tipo de jornal. Após meses de exercício, atingiu a velocidade de 55 palavras por minuto, superior à de qualquer outro operador.

Então Edison tornou-se telegrafista ambulante. Sua curiosidade sem limites, seu tremendo desejo de conhecer todo e qualquer assunto, fizeram dele tudo menos um empregado estável. Onde quer que estivesse prosseguia nas suas experiências de química e eletricidade, lendo até de madrugada e só dormindo quando o cansaço o vencia.

Em Stratford, Província de Ontário, no Canadá, arranjou um emprego em que não tinha muito que fazer. Mas de hora em hora precisava telegrafar um sinal para a estação central. Como isso interrompesse as sonecas de que tanto precisava, inventou um engenhoso aparelho. Adaptou a um relógio uma rodinha dentada, ligada ao circuito telegráfico. A roda ia girando e de hora em hora transmitia fielmente o sinal. O sistema funcionou perfeitamente... durante certo tempo. E então uma vez, à meia-noite, quando Edison estava dormindo, o telegrafista-chefe de Toronto tentou entrar em comunicação com ele pouco depois de recebido o sinal de Stratford. Isso foi o fim desse emprego.

Para um perito telegrafista emprego não era problema, e dentro em pouco estava Edison ganhando o alto ordenado de 125 dólares por mês. O que havia de mais extraordinário na sua perícia é que ele era surdo. Era a vibração do aparelho que lhe permitia ouvir as mensagens.

Muito antes de completar 18 anos, Edison estava completamente surdo. Nos seus tempos de estrada de ferro, um guarda-freios, procurando ajudá-lo a tomar um trem em movimento, tinha-o agarrado pelas orelhas e puxado para dentro do carro de bagagem. Em conseqüência disso, seus nervos auditivos foram irremediavelmente lesados.

Mesmo entre telegrafistas, gente notoriamente despreocupada e que não esquenta lugar, Edison era considerado um tanto excêntrico. Onde quer que estivesse — no teatro, à mesa de refeições, no trabalho — tinha consigo uma caderneta de bolso na qual fazia desenhos e tomava notas para as suas experiências. Andava com sapatos gastos e rasgados, roupas velhas e manchadas de tinta, um chapéu velho e desabado e até nos piores invernos se recusava a gastar dinheiro num sobretudo, preferindo esbanjar tudo quanto ganhava em livros científicos e aparelhos para experiências.

Às vezes o seu profundo interesse pela parte teórica da telegrafia criava-lhe problemas. Um dos projetos que figuravam na sua caderneta consistia em enviar duas mensagens em sentido oposto ao mesmo tempo e pelo mesmo fio. Certo dia, quando trabalhava na companhia telegráfica Western Union, em Memphis, Estado de Tennesse, ele tentou explicar a sua teoria ao gerente local, um certo General Coleman. Este ficou indignado.

— Olhe aqui, "seu" Edison — berrou Colerman — qualquer idiota devia saber que um fio não pode ser usado nos dois sentidos ao mesmo tempo.

E despediu-o no mesmo instante como irresponsável.

A proficiência técnica do jovem cientista como telegrafista foi posta à prova da maneira mais rigorosa quando ele se candidatou a um emprego em Boston. Vendo Edison com a sua juba intonsa caindo sobre um casaco surrado e as meias aparecendo pelos rasgões dos sapatos, os telegrafistas de Western Union naquela cidade resolveram acabar de uma vez por todas com as veleidades do pobre diabo. Na sua primeira noite de experiência arranjaram com o mais rápido expedidor de Nova York para enviar telegramas de notícias para a imprensa com a maior velocidade de que ele fosse capaz.

Quando Edison se sentou à mesa receptora, juntaram-se à volta dele, rindo uns para os outros. O telegrafista de Nova York começou na velocidade normal e foi aumentando gradualmente, inclusive abreviando palavras longas, que o receptor tinha de escrever por extenso. Sem uma falha, o candidato cobriu página após página com a sua letra precisa. As folhas pareciam impressas. A *virada* durou quatro horas incríveis.

Por fim Edison abriu com toda calma a sua chave e tiquetaqueou:

— Agora transmita com outro pé.

Os rapazes de Boston emtregaram os pontos. Depois de examinar os telegramas impecáveis de Edison, o superintendente da Western Union declarou:

— Nunca vi um telegrafista melhor do que ele.

Foi numa livraria de Boston que Edison encontrou a sua primeira coleção completa das obras do cientista inglês Michael Faraday. Ele já tinha começado a seguir o programa, que não alterou até o fim da vida, que lhe deixava apenas quatro horas de sono em cada 24 horas, mas naquela noite não pregou olho. Ao desjejum estava ainda lendo Faraday.

— Você não vai comer? — perguntou o companheiro de quarto.

— Agora não — respondeu ele — Tenho muito que fazer e a vida é muito curta.

Trabalhando à noite como telegrafista de agência de notícias, passava as horas restantes numa oficina de Boston realizando experiências que já estavam começando a encher inúmeros cadernos de notas. (Quando morreu deixou mais de 2.500.)

O pedido da sua primeira patente foi apresentado quando ele tinha 21 anos. O aparelho, conhecido como Registrador Elétrico de Votos, permitiria a cada legislador registrar o seu voto apertando um botão, eliminando-se assim as demoradas votações nominais. Como isso iria tornar mais difícil o recurso da obstrução, uma comissão parlamentar perante a qual ele demonstrou o funcionamento do seu revolucionário aparelho encarou-o com grande má vontade.

No mesmo ano Edison conseguiu finalmente elaborar o método de enviar pelo mesmo fio duas mensagens simultâneas e aperfeiçoou o duplo transmissor. Saindo do emprego de telegrafista da Western Union, gastou tudo quanto tinha numa demonstração na linha telegráfica entre as cidades de Rochester e Nova York. Por alguma razão até hoje desconhecido teste foi um fracasso completo.

Como aquela cartada o houvesse deixado sem vintém, não pode pedir uma patente que protegesse o seu invento. Pouco tempo depois, outro inventor, tendo tido conhecimento do transmissor duplo, inescrupulosamente o patenteou em seu nome. Foi um duro golpe para Edison. Achando que uma mudança de ares poderia trazer-lhe mudança de sorte, deixou Boston e foi para Nova York.

Os primeiros dias de Edison em Nova York tiveram todos os elementos duma novela de segunda ordem. Tomou dinheiro emprestado para a passagem de navio e chegou à grande cidade sem um tostão, por intermédio médio de um ex-telegrafista de Boston conseguiu alojamento na casa de máquinas do edifício da Bolsa de Ouro. Sua cama ficava perto do transmissor principal que transmitia as flutuações dos preços do ouro à Bolsa e a 300 escritórios de corredores. Edison passou dois serões estudando o complicado mecanismo e imaginando melhoramentos.

Na sua terceira manhã em Nova York, exatamente quando ia sair para continuar procurando emprego, estabeleceu-se o caos no saguão da Bolsa. O transmissor principal tinha enguiçado. Os corretores que se encontravam na Bolsa e centenas de escritórios estavam sem saber os preços de abertura, naquele dia, do ouro e de dezenas de artigos. As engrenagens do comércio estavam emperradas. Torrentes de mensageiros fluíam na zona financeira. Os telegrafistas, que não conseguiam atinar, com o defeito, estavam apavorados.

Edison voltou ao subsolo e correu os olhos pelo transmissor.

— Está quebrada a mola de contato — esclareceu ele ao gerente, com toda calma — Caiu entre as engrenagens.

O gerente observou os frios olhos azul-acinzentados do moço, o terno amarfanhado com o qual havia dormido noites seguidas, o cabelo revolto e muito crescido que saía por debaixo da aba do velhíssimo chapéu.

— Quem diabo é você? Você será capaz de consertá-lo?

Edison empurrou o chapéu para trás e meteu as mãos à obra. Dali a duas horas o transmissor estava funcionando suavemente. Foi contratado ali mesmo como superintendente mecânico, com o incrível ordenado de 300 dólares por mês.

Mas, como de costume, ele estava longe de se sentir satisfeito num emprego regular, por melhor que fosse o ordenado. Não tardou a alugar, com dois amigos, um galpão em Jersey City, onde se estabeleceram como engenheiros-eletricistas, especializando-se em receptores de cotações da bolsa e circuitos telegráficos particulares. Não fazia cinco meses que a linha iniciara suas atividades quando o General Marshall Lefferts, da companhia Gold and Stock Telegraph, lhes ofereceu um lugar numa oficina de Newark, estado de Nova Jersey, também 15.000 dólares por ela e eles aceitaram. Pouco depois, o General Lefferts, que ficara gostando de Edison, lhe ofereceu um lugar numa oficina de Newark, estado de Nova Jerseu, também especializada em transmissores e receptores de cotações de bolsa. Sua tarefa consistira em aperfeiçoar e simplificar os aparelhos. Ao cabo de alguns meses o jovem inventor tinha desenhado o Impressor Universal Edison, cujas principais características ainda hoje permanecem. Era muito mais simples e muito mais seguro que os impressores automáticos então em uso nos escritórios de carretagem, e o General Lefferts ficou vivamente entusiasmado.

Certa manhã ele chamou o inventor ao seu escritório e perguntou-lhe:

— Quanto é que você quer pelo impressor?

Edison pensou primeiro em pedir 3.000 dólares. Ou quem sabe se poderia pedir 5.000?

— Não sei, General, disse ele finalmente; que tal se o senhor me fizesse uma oferta?

— Está bem. Que é que você acha de 40.000 dólares?

Estupefato e como que sonhando o inventor de 22 anos encaminhou-se para o banco com o cheque do General.

— Endosse-o—disse-lhe o caixa.

Em sua surdez. Edison compreendeu mal e pensou que o banco se recusava a fazer o pagamento. Correu de volta a Lefferts. Rindo a mais não poder, o General lhe mostrou como se endossava um cheque. No banco, o mesmo caixa, tomado de um estranho senso de humor, deu-lhe o dinheiro em notas de cinco e dez dólares. Edison voltou para a pensão, em Newark, com os bolsos da roupa surrada transbordantes. Passou a noite inteira acordado guardando a inacreditável sorte grande. Na manhã seguinte ele abriu a sua primeira conta bancária.

Nos primeiros meses de

1870 Edison pôs o seu capital em movimento, abrindo a sua própria oficina, em Newark, com 18 empregados. A princípio o novel estabelecimento se dedicava principalmente a fabricar receptores de corações de bolsa para a companhia do General Lefferts, melhorando o seu mecanismo e conservando-os. Poucos depois recebeu uma encomenda do seu Impressor Univeral no valor de 30.000 dólares e começou a reunir uma equipe de operários especializados, alguns dos quais permanecem com ele até ao fim da vida.

Embora tivesse apenas 23 anos naquela época. Edison era conhecido pelos seus empregados como "o Velho". Havia na sua pessoa um ar estranho de desmazelada maturidade. Pesado de corpo, como penetrantes olhos azul-acinzentados debaixo de espêssas sobrancelhas e uma testa extraordinariamente larga, andava pela oficina arrastando os pés, metido numa roupa amarfanhada e manchada de graxa, dando antes a impressão de um vagabundo sem eira nem beira do que de um jovem e próspero industrial. Um candidato a emprego que resolveu não trabalhar para ele depois de inspecionar o local declarou mais tarde: "Tive a impressão de que todos ali — inclusive o dono — eram meio malucos."

Como empregador, Edison teria sido o desespero de um líder sindical. Pagava os mais altos salários, mas exigia do empregado a mesma concentração exclusiva que ele próprio dedicava a uma tarefa. Não tolerava os empregados que viviam olhando o relógio e tinha espalhados pela oficina meia dúzia de relógios... cada um marcando uma hora diferente.

Certa ocasião, quando tinha uma enorme encomenda de receptores de cotações da bolsa, surgiu um defeito no mecanismo. Edison recrutou quatro dos seus melhores homens, fechou a porta à chave e disse-lhes que não sairiam dali enquanto o defeito não estivesse corrigido. Os homens permaneceram nos seus bancos 60 horas, tirando cochilos no chão e fazendo rejeições ali mesmo. Mas ao cabo de 60 horas o defeito estava sanado e os quatro foram para casa cambaleando orgulhosamente e xingando o Velho pelo caminho.

Mesmo nesses primeiros tempos, Edison já andava às voltas com 45 dos seus inventos. Vinha ele trabalhando com afinco numa máquina que esperava que viesse a transmitir as letras do alfabeto pelos fios telegráficos, quando soube que em Milwaukee, Estado de Wisconsin, Christopher Sholes estava fazendo experiências com sua máquina de madeira chamada "máquina de escrever". Acreditando que isso pudesse ajudar no telégrafo automático, Edison convidou Sholes para levar o seu modelo a Newark e fez muitas sugestões para o aperfeiçoamento da primeira máquina de escrever.

Embora Samuel Morse tenha inventado o telégrafo, é fora de dúvida que Édison o revolucionou tão completamente que o próprio Morse mal o reconheceria. Edison não só inventou o *duplex* (duas mensagens, cada uma num sentido, ao mesmo tempo e pelo mesmo fio) e o *diplex* (duas mensagens na mesma direção) mas também salvou a Western Union inventando um método de transmissão que não estava coberto pelas patentes em vigor.

O financista Jay Gould, que fazia guerra à Western Union, tinha adquirido os direitos de uma patente básica ligada ao magneto telegráfico. Todas as companhias que utilizavam o telégrafo seriam obrigadas a pagar direitos a Gould.

William Orton, presidente da Western Union, convocou Edison e disse-lhe:

— Temos de encontrar um meio de transmitir sem usar o electromagneto, e quero que você tome conta disso.

Edison não tardou a inventar outro dispositivo para expedição de telegramas, chamado motograph, que substituía o magneto empregado no transmissor regular por um pequeno motor elétrico. Este foi arquivado pouco depois, porque Gould, vendo quebrado o seu monopólio sobre aparelhos transmissores, deixou de ter interesse em defender a sua patente e a Western Union voltou discretamente a empregar os aparelhos comuns. Mas Edison recebeu 100.000 dólares pela invenção.

A acumulação pura e simples de dinheiro nada significava para Edison. Os 40.000 dólares que recebera do General Lefferts foram consumidos dentro de poucos meses na aquisição de equipamentos para a sua oficina de Newark. Consciente de que gastava dinheiro a rodo, pediu à Western Union que pagasse os 100.000 dólares do motograph em 17 prestações de 6.000. Mas até mesmo com esse arranjo ele andava geralmente apertado de dinheiro; era incapaz de dizer não a um amigo em apuros.

No dia de Natal de 1871 Edison se casou com Mary Stilwell, de Newark, uma encantada jovem de 18 anos que ensinava na escola dominical da cidade e trabalhava numa das oficinas de Edison. Algumas horas depois do casamento, o noivo pediu licença aos convidados e correu à oficina, dizendo que não se demoraria nada. Por volta da meia-noite o padrinho foi encontrá-lo enterrado até os olhos nas suas experiências.

— Acho bom você ir para casa, Tom — aconselhou ele.

— Você nem imagina quanto serviço eu tenho para fazer — replicou Edison

— Mas você se casou hoje — lembrou o outro, num tom de censura — e Mary está esperando para ir passar a lua de mel em Boston.

Aos poucos, Edison emergiu do seu casulo de concentração e deu um murro na mesa.

— É verdade! — gritou. — Eu me casei hoje!

Apesar desse começo pouco promissor, foi um casamento feliz e compensador. Edison achou que os aluguéis em Newark eram muito altos, e em 1876 lançou a pedra fundamental de um novo laboratório em Menlo Park, no Estado de Nova Jersey, a 40 quilômetros de Nova York. Esse laboratório de Menlo Park, planejado e desenhado por ele próprio até ao último detalhe, iria em breve tornar-se famoso no mundo inteiro.

No ano em que foi construído, a Western Union começou a apertar Edison para que aperfeiçoasse o telefone, que Alexander Graham Bell tinha acabado de patentear e no qual Edison já realizara considerável trabalho experimental.

Como instrumento comercial prático, o aparelho de Bell era limitado. O objeto desajeitado, em forma de pera, era preciso segurá-lo junto à boca para falar e depois levá-lo ao ouvido para ouvir. Mesmo a pequenas distâncias era dificílimo conversar, por causa dos chiados e da estática produzidos pelo magneto.

Após dois anos de constantes e exaustivas experiências (durante as quais, diga-se de passagem, ele inventou e patenteou um precursor do microfone), Edison finalmente aperfeiçoou o transmissor telefônico de carvão. Realizaram-se testes bem sucedidos numa extensão de mais de 220 quilômetros de fio. A articulação era nítida e o volume do som várias vezes maior que o do telefone de magneto. A Western Union logo adquiriu os direitos por 100.000 dólares. "Bell pode ter sido o primeiro a inventar o telefone", escreveu um observador, "mas foi Edison quem tornou possível ouvir alguma coisa nele."

O que, entretanto, marcou Edison como gênio no espírito do público foi a invenção do fonógrafo.

A primeira máquina que falou pode ser atribuída mais ao seu agudo poder de observação e de dedução do que a qualquer série de experiências. Estava ele às voltas, num dia de verão de 1877, com o seu "repetidor telegráfico automático", destinado a registrar mensagens telegráficas num papel tratado químicamente. Esse instrumento tinha uma ponta metálica que passava dentro e fora de uma série de cortes num disco de papel giratório. Por acaso Edison fez o disco rodar a alta velocidade, e ouviu um som como um gemido, que parecia subir e baixar em relação direta com os cortes do disco. Fascinado, diminuiu a velocidade e depois experimentou de novo a alta velocidade, desta vez colocando um pequeno diafragma ao qual estava preso um alfinete no lugar da ponta de metal do repetidor. O volume do estranho som aumentou muito.

À meia-noite foi para a sua mesa e começou a fazer um tosco esboço. Esse esboço especificava um cilindro de metal com sulcos em espiral, montado num longo eixo, de maneira que se pudesse fazer girar com uma manivela. Uma caixa de madeira de transmissor telefônico, equipada com um alfinete rombudo no centro, seria ligada a um braço de metal.

Na manhã seguinte chamou um dos seus homens, um perito artífice suíço de nome John Kruesi, que com grande habilidade transformava em máquinas perfeitas os mais toscos rascunhos de Edison. Como sempre, anotou o custo provável dos materiais a serem empregados, e o operário poderia embolsar a diferença entre o custo real e esse orçamento provisório. No caso a diferença foi de 18 dólares.

Kruesi quebrou a cabeça diante do esboço. Quase todos os aparelhos que ele fabricava eram elétricos; dessa vez não havia fios, nem enrolamento nem magnetos.

— Para que é, chefe? — perguntou ele. — Não estou entendendo.

Edison, que gostava de um toque de mistério, fez com o charuto um gesto mandando-o retirar-se.

— Você verá quando ficar pronto. Acho que vai ficar surpreendido.

Enquanto trabalhava na máquina, Kruesi procurou decifrar o enigma. Outros operários olhavam por cima do ombro dele aventurando uma interpretação. Ninguém chegou a fazer sequer uma idéia aproximada. Quando o suíço levou o aparelho pronto para Edison, um grupo de curiosos se formou em redor.

— Pronto, chefe, está aí a coisa. Agora me diga: para que é?

Edison passou o charuto de um lado da boca para o outro.

— Esta máquina tem de falar, Kruesi. Você acha que ela vai falar?

Kruesi ficou assustado. Os

outros pararam de rir. Um dos homens que se achavam por trás da mesa de Edison girou o dedo na testa significativamente e abanou a cabeça. O Velho nunca fora muito certo. Estaria por fim definitivamente maluco devido ao excesso de trabalho?

Havia pena em suas fisionomias enquanto observavam o grave e jovem chefe enrolar cuidadosamente uma folha fina de estanho em tôrno do cilindro. Na primeira volta da manivela a ponta do alfinete rasgou a folha de estanho. O som rascante buliu com os nervos dos espectadores. E o olhar fixo de Edison assustou-os.

Pacientemente ele substituiu por outra a folha de estanho rasgada, desta vez colando as extremidades uma à outra. Colocou a agulha no ponto de partida, apanhou o longo bocal e começou a dar à manivela, recitando em voz alta os versos de uma canção infantil:

Mary had a little lamb,
Its fleece was a white as snow...
(Mary tinha um cordeirinho
Todo branco como a neve...)

Quando acabou de recitar, calmamente pôs a agulha no ponto de partida e começou de novo a dar à manivela.

De repente a sua voz começou a sair fantásticamente do cilindro em movimento.

"Mary tinha um cordeirinho..."

Salvo por aquela voz retumbante, a sala estava em silêncio. Os operários estavam com a respiração suspensa. Muitos deles, instintivamente, fizeram o sinal da cruz. Até o próprio Edison ficou um pouco assustado. Realizara-se o milagre do fonógrafo.

Pela primeira vez na história do Registro de Patentes dos Estados Unidos não havia pedidos anteriores de nenhum aparelho que ao menos de maneira remota se parecesse com aquele. A primeira das várias patentes protetoras do invento foi concedida imediatamente. A tosca primeira máquina foi aos poucos transformada por Edison e outros num instrumento mais bem acabado. Um prato movido por um mecanismo de relógio substituiu o cilindro e a manivela. A enorme trompa veio aumentar o volume do som.

Por toda parte a imaginação das pessoas foi arrebatada por essa máquina sobrenatural que podia conservar e reproduzir a voz humana. Milhões de palavras foram telegrafadas para o mundo inteiro sobre o seu inventor. O nome de Thomas Edison se tornou talvez mais conhecido do que o de qualquer outro homem vivo. Ele tinha então 31 anos. A imprensa gostou das esquisitices do seu acanhamento, da sua maneira pitoresca de dizer as cosias, da sua indumentária relaxada e da sua absoluta simplicidade. Foi entrevistado sobre todos os assuntos inimagináveis e começaram a circular histórias fantásticas a seu respeito. Por causa de uma legenda casual num jornal passou a ser conhecido como "O Mago de Menlo Park", o homem capaz de produzir milagres a seu belprazer. Esse nome, que dava idéia de uma feitiçaria sem esforço, sempre irritou Edison. Seu filho Charles Edison, que foi Ministro da Marinha e Governador do Estado de Nova Jersey, diz que "Nenhum homem trabalhou tanto para ser um mago".

O fonógrafo foi sempre uma das invenções prediletas de Edison. Continuou a aperfeiçoá-la até o fim da vida e acabou tirando mais de 80 patentes do aparelho. Esse duradouro interesse, raro em Edison, foi altamente lucrativo. Por volta de 1910, o volume anual das vendas de fonógrafos e discos tinha atingido 7.000.000 de dólares, e mesmo depois que as patentes do fonógrafo caducaram a venda de discos continuou a produzir vultosa receita.

A surdez de Edison, longe de prejudicar o seu trabalho no fonógrafo, na realidade é possível que tenha ajudado a aperfeiçoar-lhe a acústica. Ele tinha um truque que consistia em cravar os dentes na madeira da caixa do aparelho, o que lhe permitia perceber tons acima da escala comum e falhas que ouvidos normais não conseguiriam distinguir. Uma vez afirmou que um violinista de fama mundial havia desafinado em certo ponto das suas gravações. O artista replicou que era impossível. Edison tocou o disco para ele com uma trompa especial que aumentava enormemente o volume. Quando a gravação chegou à passagem controvertida, registrou-se uma pequena desafinação. O artista desmaiou no mesmo instante.

Com trinta e poucos anos, já com 157 patentes a seu crédito e 78 pendendo de solução em Washington, Edison ainda seguia um fantástico e firme programa de trabalho. Quando se metia numa "campanha" — que é como ele denominava a pesquisa intensiva — muitas vezes passava três ou quatro dias e noites sem ir para a cama. Tinha, porém, uma notável facilidade para tirar reparadores cochilos. "Mesmo em meio ao mais excitante trabalho", observou certa vez um amigo dele, "o Velho conseguia torcer um interruptor, abstrair-se de todo e qualquer problema e pegar no sono. Quinze minutos depois acordava completamente refeito."

Em 1878 começou a traballhar na luz incandescente. Principiou, como de costume, realizando uma exaustiva revisão de tudo quanto outros haviam feito, lendo todos os documentos científicos ao seu alcance. Em seguida aprestou-se para a sua "campanha". Esta iria ter um êxito estupendo. Dos 2.500 cadernos de notas de 300 páginas cada um conservados pela Fundação Edison, mais de 200 se referem a experiências sobre a luz elétrica. Tais notas foram a base de um dos mais assombrosos feitos de pioneiro inventivo e industrial já praticados.

Num período de cinco anos, embora a engenharia elétrica estivesse então na infância e tudo tivesse de ser feito desde o começo. Edison construiu um protótipo completo da indústria de iluminação e fez desta um serviço de utilidade pública concreto. Não só inventou a luz elétrica, geradores, dínamos, medidores e técnicas de instalação, mas, a fim de submeter a eletricidade ao seu primeiro teste em larga escala, também colocou fio em cerca de dois e meio quilômetros quadrados da cidade de Nova York. Foi uma realização portentosa. E por trás dela estava um tratamento infinitamente meticuloso e sistemático do problema.

Quando Edison atacou pela primeira vez a iluminação incandescente, entrou num campo científico virtualmente inexplorado. Em 1841, fora concedida na Inglaterra patente para uma lâmpada que consistia em dois fios de platina em espiral com carvão em pó ligando o espaço entre eles. quando a corrente era ligada, o carvão brilhava. Um cidadão da Nova Inglaterra patenteara uma luz na qual as próprias lâminas de platina brilhavam quando uma corrente passava por elas; e havia também o arco voltaico. Mas todas essas coisas eram incertas, saíam caras e eram desajeitadas demais para uso na prática.

No seu esforço por conseguir uma luz melhor, Edison tentou primeiro enrolar um fio de platina em torno do canudo de um cachimbo de barro comum. Observou que depois de a platina ter sido aquecida várias vezes pela corrente elétrica ela se tornava muito mais dura e podia resistir a temperaturas mais altas. Ao que tudo indicava, o aquecimento expulsava os gases da platina, fazendo com que ela se tornasse mais densa. Raciocinando que uma quantidade ainda maior de gases poderia ser eliminada no vácuo e que a platina se tornaria mais dura ainda e emitiria uma luz mais intensa, experimentou fazer passar por ela uma corrente quando o seu invólucro de vidro estava ligado à bomba de vácuo. A luz tornou-se espantosamente mais brilhante.

Edison voltou-se então para o problema de manter o vácuo na lâmpada permanentemente. Como não existisse na época nenhuma máquina de fazer vidro satisfatória, ele contratou um perito vidraceiro que com muito custo deu forma à mão aos primeiros globos experimentais, vedando completamente a passagem do ar enquanto eles ainda estavam ligados à bomba de vácuo.

A teoria do vácuo estava provada, mas Edison por fim concluiu que um filamento de platina era demasiado complicado, consumindo energia demais para a luz que fornecia. Passou então a experimentar — e pôr de parte — outros metais raros: ródio, rutênio, titânio, zircônio, bário. Nenhum deles serviu.

Não obstante, quando apareceu na imprensa a notícia do que Edison estava fazendo, as ações das companhias de gás caíram vertiginosamente. As cotas de capital da Companhia de Gás de Londres, por exemplo, sofreram uma queda de vários milhões.

As experiências de Edison estavam custando milhares de dólares por semana. Ele era financiado pela Companhia Edison de Luz Elétrica, que fora formada com a idéia de mais tarde instalar um serviço de utilidade pública para competir com o gás. Com um capital de 300.000 dólares, a empresa havia entregue de início 50.000 ao inventor. Quando esse dinheiro acabou sem que houvesse resultados positivos, os acionistas ficaram preocupados, e foi com relutância que levantaram para ele outros 50.000 dólares. Mas Edison estava fazendo progresso. Enquanto prosseguia na sua procura de um filamento apropriado, seu gênio ia delineando todos os ângulos do sistema de iluminação elétrica, desde um dínamo revolucionário até ao medidor de residência, desde interruptores até fusíveis. Tudo ia correndo bem, exceto a difícil lâmpada.

Uma vez, à meia-noite, estando no seu laboratório, ocorreu-lhe a solução. Já que os pesados queimadores de carvão não haviam resistido, por que não experimentar um filamento carbonizado bem fino? Seguindo o caminho que essa idéia traçara, Edison abandonou a platina, o mais raro dos metais, e experimentou um dos artigos domésticos mais comuns: linha de coser de algodão.

As experiências eram de enlouquecer. Edison mandou impregnar fios de linha com carvão em pó, levá-los ao forno em cadinho de barro e depois deixá-los esfriar lentamente. Um após outro, os delicados fios, de 2,5 cm de diâmetro, esfarelavam-se nas várias fases do processo. Mas afinal foi colocado um filamento carbonizado numa lâmpada em que se fizera o vácuo. Quando a corrente foi ligada ele começou a brilhar com uma luz forte e firme. Edison e seus colaboradores mal podiam respirar. A coisa funcionava, mas por quanto tempo poderia continuar queimando aquele fio incrivelmente delicado?

Passaram duas horas... três... seis... dez. Quando, ao alvorecer, o claro brilho continuou firme, Edison se estirou numa cama portátil para o seu primeiro sono depois de mais de 60 horas. Seus assistentes substituíram-no na vigília. Do laboratório inteiro e das oficinas vinham trabalhadores para ver. Quando as horas transcorridas chegaram a 30, os trabalhadores, animados e felizes, se abriram em sorrisos, dando palmadas nas costas uns dos outros. Ao fim de 40 horas, Edison, caracteristicamente, começou a experimentar voltagens mais altas. Com essa sobrecarga, o filamento produziu um clarão e queimou-se.

Em seguida Edison experimentou filamentos de papelão carbonizado. O êxito foi maior ainda. A vida da lâmpada foi aumentando aos poucos atés 170 horas. Umas três mil pessoas foram assistir a uma demonstração pública feita em Nova York na véspera do dia de Ano Novo de 1879, quando toda a localidade de Menlo Park foi brilhantemente iluminada com as novas lâmpadas. O espetáculo cursou profunda impressão. Imediatamente depois as ações das companhias de gás baixaram mais ainda.

Mas Edison sabia que precisava de algo mais forte e mais duradouro do que um filamento de papelão para que a lâmpada elétrica pudesse alcançar êxito comercialmente. Certa manhã seus olhos, que não paravam, deram com um leque de folhas de palmeira e ele reparou nas finas veias de bambu que acompanham a beirada das folhas. Imediatamente mandou extrair esses filamentos e carbonizá-los. Verificou serem melhores que tudo o que ele já tentara.

Essa experiência provocou uma busca da melhor variedade de bambu no mundo inteiro. Ao todo, Edison experimentou uma 6.000 espécies de plantas e fibras vegetais antes de se decidir por um bambu cultivado especialmente para ele no Japão. O filamento de bambu carbonizado foi usado durante mais de dez anos, tendo sido suplantado por "celulose esguichada" e depois por tungstênio, que é o que se emprega hoje.

Edison havia compreendido que para se tornar prático o uso da sua luz para iluminação doméstica, cada lâmpada devia poder acender-se e apagar-se independentemente. As lâmpadas de arco voltaico funcionavam "em série" naquela época: a corrente passava por *todas*. Se uma se apagava, todas as outras se apagavam também, como em geral acontece com as lâmpadas de árvores de Natal atualmente. Tinha, pois, aperfeiçoado um "circuito múltiplo", que permitia que cada lâmpada funcionasse independentemente das demais, e tinha inventado um gerador satisfatório para produzir uma corrente uniforme.

Todos os geradores então em uso não só eram destinados ao circuito "em série" da luz de arco voltaico, como eram deficientes, pois só se podia utilizar metade da energia que geravam, uma vez que o resto se perdia nos enrolamentos. Em 1879, quando Edison anunciou um gerador revolucionário que era 90% eficiente, o mundo científico não quis acreditar. Mas muitas das características do seu invento ainda são usadas nos geradores modernos.

Edison estava finalmente pronto para construir um sistema de iluminação elétrica de experiência para aqueles decisivos dois e meio quilômetros quadrados da parte sul da cidade de Nova York. Os jornais caíram-lhe na pele quando expôs o seu plano de colocar fios elétricos debaixo do chão, dentro de turbos condutores. As ruas da cidade eram então um labirinto de fios aéreos telegráficos e telefônicos. Onde é que já se tinha visto enterrar fios elétricos? Então o homem não sabia que eles podiam molhar-se, deixar escapar eletricidade e eletrocutar pedestres a torto e a direito? Edison prosseguiu calmamente na execução dos seus planos, aperfeiçoando novos tipos de isolamento para torná-los viáveis.

Quando começou a colocação dos principais troncos nas ruas, em julho de 1881, havia falta de eletricistas competentes. Edison abriu uma escola técnica, cujos professores eram os seus assistentes de laboratório. Chegou inclusive a preparar um manual, com desenhos simples mostrando a maneira correta de ligar dínamos, colocar fios nas casas, instalar 1.500 homens furando ruas, assentando tubos condutores, instalando fios em edifícios. Montou uma oficina especial para fabricar as partes maiores dos dínamos, abriu uma fábrica de lâmpadas elétricas e outra de interruptores, medidores, armações de lâmpadas — todas as peças necessárias a essa incipiente indústria.

Durante as experiências da

lâmpada incandescente houvera muito cepticismo com relação ao projeto de iluminação de Edison, e os comentários da imprensa foram em muitos casos sarcásticos e depreciativos. Então a maré da confiança pública virou. A sede da Companhia Edison, no número 65 da Quinta Avenida, tornou-se o ponto onde se reuniam à noite os líderes das classes produtoras e as personalidades de destaque da cidade. Advogados, banqueiros, atores, financistas, médicos, expoentes da cena lírica zumbiam em torno da exibição de "luz elétrica" como crianças em volta de um monstruário de brinquedos. Tocavam nas lâmpadas acesas para experimentar, mexiam nas ligações, não paravam de fazer perguntas.

Mas uma boa parte do trabalho de "vender" a idéia ainda estava por ser feita, e Edison, a instâncias dos diretores, começou a falar em banquetes, procurando conquistar a boa vontade dos cidadãos mais importantes que poderiam tornar-se grandes acionistas. Num desses banquetes W. H. Vanderbilt persuadiu Edison a instalar um dínamo particular na sua nova residência. Quando o aparelho foi experimentado, houve um curto-circuito na galeria de arte e os cortinados e outros enfeites de seda pegaram fogo. A Srª Vanderbilt teve um ataque de nervos e se recusou a ir morar na casa enquanto o dínamo não fosse arrancado. Embora Vanderbilt se tivesse tornado um dos acionistas da companhia Edison, a casa dos Vanderbilts continuou por muitos anos iluminada a gás.

O inventor detestava fazer e ouvir discursos em jantares e sempre deixava as salas de banquete o mais depressa possível, arrancando logo o colarinho e a gravata. As pessoas que trabalhavam de noite se acostumavam a ver o Velho, metido num traje de rigor, com um lenço enrolado no pescoço, arrastando-se para fora das escavações das obras ou supervisionando instalações na usina de força que ele montara em Pearl Street.

A construção desse primeiro sistema de iluminação elétrica foi "a maior aventura da minha vida", declarou Edison mais tarde. Ele jogou tudo nessa cartada: sua reputação, seu dinheiro, a fé que seu amigos tinham nele, a confiança do público. Compreendendo que teria de apresentar um produto mais barato e melhor que o gás — porque o poderoso truste do gás tinha, então, o monopólio da iluminação — fez gratuitamente as intalações para os possíveis consumidores de eletricidade e não cobrava depósito pelo medidor. O consumidor só pagaria a energia consumida se o sistema de iluminação funcionasse satisfatoriamente. Edison pessoalmente garantiu que as contas seriam mais baixas que as contas de gás!

Ao aproximar-se a ocasião da primeira experiência, os olhos do mundo inteiro não se desviaram daqueles dois e meio quilômetros quadrados do centro da parte sul de Nova York. Grandes coisas estavam sendo esperadas e as cotas de capital da Companhia Edison tinham pulado de 100 para 3.500 dólares cada uma. Se Edison falhasse seria o fracasso mais divulgado de toda a história.

A 4 de setembro de 1882, segunda-feira, foi dado como pronto o novo sistema de iluminação. Na usina de força, os bombeiros atiçavam os carvões brilhantes; o vapor, assobiando, ia das caldeias para dentro dos motores dos poderosos geradores. Os dínamos giravam com velocidade cada vez maior. Edison estendeu a mão para a chave mestra para enviar a misteriosa força através dos 24 quilômetros de fios subterrâneos. Ele, como admitiu mais tarde, tinha consciência da "grande responsabilidade de desencadear uma força poderosa por baixo das ruas e prédios de Nova York". Mas correu tudo bem. Quando Edison apertou a chave, as janelas do centro da cidade de repente se encheram de vida.

"Era uma luz que uma pessoa podia usar durante horas sem se dar conta de que havia junto dela uma luz artificial", escreveu o *Times* de Nova York. "Branda, suave e agradável à vista, era quase como a luz do dia... sem o menor tremor e com muito pouco calor, não provocando dor de cabeça."

Edison ganhara a grande cartada.

Edison acreditava que todo o novo produto devia ser vendido o mais barato possível, porque uma grande margem de lucro provocava concorrência. Assim, com olhos clarividentes postos no futuro, começou a vender as suas lâmpadas incandescentes por 40 centavos de dólar cada uma, embora elas lhe saíssem por um dólar e 30 centavos. Com o tempo e com muita dificuldade ele reduziu o custo unitário para 37 centavo. Vendeu, então, seus direitos relativos às lâmpadas por cerca de um milhão de dólares a uma firma que mais tarde viria a ser a General Eletric Co. Embora Edison fosse astuto homem de negócios, detestava os detalhes contábeis dos lucros normais periódicos. Logo que um empreendimento estava funcionando com êxito, seu interesse por ele geralmente diminuía.

Dois anos depois de haver instalado o seu primeiro sistema de iluminação elétrica, Mary, sua esposa, faleceu súbitamente de febre tifóide. Dominado pela dor, Edison fechou a casa e o laboratório de Menlo Park e mandou os seus três filhos para a companhia da avó materna em Nova York. Sua vida de família tinha sido muito feliz. Agora mais do que nunca ele se afundou no trabalho esgotante, procurando abafar as suas recordações.

Projetos é que não faltavam. Com menos de 40 anos, seu gênio dardejava numa dezena de direções. Mesmo durante a sua luta por uma luz elétrica prática, tinha tirado uns poucos dias para aperfeiçoar e patentear um método de conservar frutas no vácuo. E em seus cadernos daquele período havia esboços do que é agora conhecido como o helicóptero — invento que Edison viria mais tarde a apontar como a forma mais segura e mais útil de transporte aéreo.

Em Menlo Park ele tinha começado a explorar a primeira estrada de ferro eletrificada dos Estados Unidos. Havia feito o esboço de uma colhedeira de algodão, de uma máquina de costura elétrica, de um elevador elétrico, de um novo tipo de máquina de remover neve. De tempos em tempos os diretores da Companhia de Luz Elétrica Edison se mortificavam lendo anúncios da Boneca Falante Edison e do Método Edison para a Cura da Nevralgia. Tais coisas, diziam eles, eram vulgares e poderiam prejudicar a venda dos produtos da companhia. Mas Edison achava difícil controlar as criações do seu cérebro.

Nessa exploração incansável de todos os campos, é surpreendente verificar quão perto ele esteve de romper através das barreiras do desconhecido e penetrar na era da moderna Eletrônica. Já em 1875 descobria um singular fenômeno elétrico que chamou de "força etérea" (mais tarde identificado como produto de ondas elétricas no espaço livre). Fez experiências ligadas a esse fenômeno, mas depois sua atenção foi desviada para outras pesquisas. Fez presente de suas descobertas a Marconi, no tempo em que esse cientista competia com outros na corrida pelo aperfeiçoamento do telégrafo sem fio, Marconi ficou sempre reconhecido a Edison pelo seu auxílio.

Enquanto trabalhava para reduzir o custo de produção das suas lâmpadas incandescentes, Edison fez outra descoberta revolucionária, a que deu o nome de "Efeito Edison". Criou uma lâmpada de Efeito de Edison que permitia controlar o fluxo da corrente elétrica de maneira até então desconhecida e logo tirou patente de um método de usá-la para telegrafia sem fio. O seu telégrafo sem fio só dava bons resultados para curtas distâncias, mas chegou a ser utilizado durante algum tempo nos serviços da Estrada de Ferro Lehigh Valley.

Quase meio século mais tarde, uma das lâmpadas de Efeito de Edison foi ligada a um aparelho de rádio. Funcionou tão bem quanto a válvula de rádio atual! Sem o perceber, Edison tinha descoberto a válvula retificadora do rádio. Ele tinha inventado o microfone como subproduto do seu trabalho sobre o transmissor telefônico, e encontrava-se bem no limiar das transmissões de rádio de alta freqüência. Mas voltou sua atenção para outras coisas, permitindo que outros aperfeiçoasse suas descobertas.

Depois de ter vencido com o trabalho a dor causada pela morte da esposa. Edison começou a procurar distrações sociais uma vez por outra. Aceitava alguns convites para jantares, e, com sua filha Dot, assistia a óperas e concertos, procurando em seguida reproduzir no piano o que ouvira — no que era principiante, mas com possibilidades excepcionais.

Certa noite, em 1885, depois de jantar em casa de um amigo, uma das convidadas, bela morena de 20 anos, sentou-se ao piano e pôs-se a tocar e cantar.

"Está claro que fiquei impressionado com a grande beleza dela", disse Edison mais tarde a um amigo, "mas o que me impressionou foi o seu ar de confiança. Achei formidável uma pessoa tocar tão mal e fazê-lo com tanta segurança."

Mas o encontro com Mina Miller naquela noite acabou com a solidão de Edison. Apaixonou-se por ela no mesmo instante e esse amor deveria durar até o fim da vida de ambos.

Edison e Mina casaram-se em 1886, quando ele tinha 39 anos. Ela era filha de Lewis Miller, inventor e industrial. Instruída e sossegada, era o complemento perfeito para o tímido e infantil "Velho". Para contonar a sua surdez, Edison ensinou-lhe o código Morse... e o fato é que ele lhe propôs casamento em Morte. No teatro, Mina traduzia para ele os diálogos batendo com as pontas dos dedos; e em reuniões sociais dirigia-lhe expressões de ternura apesar das pessoas presentes. Na espaçosa casa que ele comprou em Llewellyn Park, Estado de Nova Jersey, eles viriam a experimentar muitos momentos de felicidade.

A diferença de idades não tinha, ao que parece, a menor importância. Para a sua jovem esposa, Edison era o eterno menino, tão descuidado em matéria de roupa e aparência como um rapazinho de dez anos. Era capaz de descer para um jantar de cerimônia sem gravata e com o cabelo despenteado e de se esquecer completamente de comer. Numa tentativa de melhorar-lhe a aparência relaxada, ela deu para esconder-lhe o casaco, que antes de sair de casa ele tinha de pedir-lhe. Isso dava à esposa oportunidade de obrigá-lo à fazer a barba, pentear o cabelo e vestir uma camisa limpa.

Embora ele se tivesse habituado a passar dias sem nenhum alimento sólido, e até sem pensar nisso. Mina Edison insistia em que seu marido tivesse pelo menos uma refeição regular por dia. Se ele estava tenazmente empenhado numa "campanha", preparava uma bandeja e levava-a ela própria ao laboratório para ter a certeza de que ele comia. Às vezes, preparava um sanduíche ou qualquer outra coisa e mandava para o escritório com um bilhete: "Gostaria muito de vê-lo esta semana."

Em West Orange, uma localidade próxima, Edison construiu um novo laboratório e oficina, que continuou a ampliar pelos anos afora. Os recursos de que dispunha para pesquisas eram vastíssimos e ele tinha um pedido permanente junto às grandes firmas de produtos químicos do mundo inteiro para que lhe fornecessem uma amostra de todo produto novo imediatamente após manufaturado. Aos poucos foi formando uma das mais amplas coleções de literatura e materiais científicos de que há notícia. Com a sua linda Mina proficientemente tomando conta da casa e das três crianças, suas condições de trabalho eram ideais.

Numa sonolenta tarde de verão de 1887, um amigo ofereceu a Edison um presente extravagante. Era a "Roda da Vida", um brinquedo mecânico simples. Olhava-se por uma abertura, fazia-se girar a roda e uma série de figuras entrava em ação, dando a ilusão de movimento. Era um brinquedo conhecido de milhões.

Edison deu uma risadinha enquanto fazia girar a roda, vendo os trejeitos de um urso dançando. Dali a pouco parou de rir e começou a fitar o aparelho meditativamente. Por que, começou a pensar, não seja possível obter imagens em movimento exatamente por aquele meio: uma série de pequeninas fotografias reproduzidas a grande velocidade?

Reclinando-se para trás na cadeira, tirou do bolos a sua infalível caderneta e começou a desenhar. Esses esboços descuidados foram o primeiro trabalho de Edison sobre a câmara cinematográfica, que viria a mudar a face do mundo das diversões e criar uma indústria de muitos milhões de dólares.

Edison trabalhou na sua máquina de filmar durante quatro anos. Os problemas mecânicos envolviam frações mínimas de segundo e engrenagens tão delicadas como as de um relógio. Ele trabalhava simultâneamente com os técnicos de Eastman Kodak, especificando o tipo de filme de que precisava. Eastman tinha produzido pouco antes um filme forte, flexível, de enrolar, que se revelou ideal. Por fim Edison conseguiu uma câmara que permitia de 20 a 40 exposições por segundo.

Em 1889, Edison exibiu um filme falado no seu laboratório, sincronizando o filme com um fonógrafo. Suas patentes básicas foram tiradas em têrmos tão amplos que a indústria cinematográfica durante muito tempo lhe pagou direitos. Edison foi um dos primeiros magnatas do cinema.

Nos últimos anos dos século passado e nos primeiros deste, fez uma incursão pelo terreno da produção. Construiu um vasto edifício oval e o revestiu interna e externamente de papel alcatroado preto. Construído sobre uma plataforma móvel, esse edifício acompanhava o movimento do Sol, o que permitia que a luz do dia nunca deixasse de penetrar pelo teto corrediço.

Em seu novo papel, Edison estava em toda parte, escrevendo *sketches* cômicos, dirigindo os atores, acionando as câmaras, consertando-as quando surgia algum defeito. Gostava extraordináriamente daquilo tudo. Suas primeiras produções foram bastante tôscas: "o campeão Jim Corbett numa luta de boxe, um tocador de realejo piruetando com um macaco travesso, e coisas semelhantes; mas atraíam multidões aos primitivos cinemas. Mais tarde, construiu no Bronx Park, em Nova York, um estúdio de vidro que custou 100.000 dólares e nele fez vários filmes de longa metragem.

Entretanto, uma vez bem lançada a indústria do cinema, voltou-se para outros problemas que ainda aguardavam solução. Fazendo experiências com o raio X, que Roentgen acabava de descobrir, inventou o fluoroscópio, que doou, sem tirar patente, à classe médica. Ao mesmo tempo produziu também a primeira lâmpada elétrica fluorescente.

A década dos 90 foi realmente alegre para Edison. Foram anos plenos, profícuos, cheios de trabalho duro e ruidosas extravagâncias. Do seu casamento com Mina nasceram mais três filhos, e algumas das suas pesquisas mais importantes foram feitas na sala de visitas da sua casa, com as crianças brincando em volta. Edison tinha um intenso poder de concentração. Muitas vezes ficava sentado lendo trabalhos científicos numa das seis línguas que aprendeu sozinho enquanto a criançada corria em volta brincando de esconder.

No laboratório brigava com os auxiliares, descompunha-os, eles o descompunham, despedia-os no sábado e readmitia-os na segunda-feira. As rigorosas experiências e as maratonas de esfalfante trabalho eram entremeadas de brincadeiras pesadas.

Durante muitos anos alguns dos empregados mais antigos vinham fumando os seus charutos. Para pôr cobro a essa pilhagem, Edison pediu ao vendedor que lhe mandasse uma caixa de charutos feitos de crina de cavalo, cola e outros ingredientes malcheirosos. Nessa época ele estava às voltas com um problema apaixonante e logo se esqueceu da encomenda, até que o vendedor apareceu de novo algumas semanas depois. Edison então reclamou por ele não lhe ter mandado os tais charutos.

— Mas eu *mandei* há três semanas — replicou o vendedor.

Edison, concentrado nas suas experiências, fumara ele próprio a caixa inteira, sem perceber.

Embora nenhuma das suas invenções posteriores tivesse sido tão espetacular aos olhos do público quanto o fonógrafo, o cinema e a luz elétrica, a prodigalidade em produzir inventos solidamente úteis prolongar-se-ia por toda a sua vida. Tão simples e aparentemente terra-a-terra eram muitas das suas criações que a gente ficava sem compreender como é que ninguém havia pensado naquilo antes. Lord Kelvin explicou a razão: "A única resposta que me ocorre é que não havia outros Edisons."

Por volta do início deste século ele surgiu com o Edifone, a sua máquina de ditar; patenteou uma lanterna elétrica de segurança para minérios, que muito concorreu para reduzir as explosões nas minas; começou a trabalhar para conseguir um acumulador melhor. Levou dez anos para encontrar a combinação satisfatória — níquel, ferro e álcali — mas finalmente criou um produto que ainda hoje resolve o problema da força em dezenas de indústrias.

"Se as experiências, as pesquisas e o trabalho de Edison sobre o acumulador fosse tudo quanto ele tivesse feito", afirmou certa vez um engenheiro industrial, "eu diria que ele fôra não só um inventor notável mas também um grande homem."

Os anos iam passando, mas o Velho se recusava a tomar conhecimento disso. Aos 60, a sua longa semana de trabalho ainda era a mesma e ele não gostou quando os repórteres começaram a entrevistá-lo em cada aniversário.

— É uma coisa desagradável darem parabéns à gente por estar ficando velho — resmungou.

Mas as entrevistas anuais produziram matéria de leitura interessante. Qual era o segredo do seu êxito? "A capacidade de persistir numa coisa." Que era gênio? "Dois por cento de inspiração e 98 por cento de transpiração."

Toda noite, disse ele aos repórteres, escrevia em tiras de papel as tarefas para o dia seguinte e executava-as integralmente. "Se todos pudessem experimentar isso", acrescentou, "ficariam surpresos de ver quanto se pode realizar num dia."

Às vezes respondia pilheriando, como fazia ao propugnar pela moderação no uso do fumo.

— Pessoalmente — disse ele certa feita a alguém que o entrevistava — só fumo de dez a 20 charutos por dia. Dos mais fortes que encontro.

Acreditava que o esforço mental intenso era o verdadeiro segrêdo da saúde e da longevidade. Não dava o menor valor aos exercícios físicos.

— A única finalidade do meu corpo — observou — é carregar o meu cérebro.

Mudar o padrão de trabalho era para ele uma forma de distração. Após semanas com um problema, passava para o outro e depois para outro ainda. Sempre tinha pelo menos seis trabalhos em andamento. Lia continuamente e em larga escala, e tinha uma memória fotográfica. Sua filha Madeline se recorda de ter visto o pai correr os olhos pela página de um dicionário e em seguida repetir tudo palavra por palavra.

Quando Edison tinha 67 anos, um pavoroso incêndio arrasou sete edifícios da sua grande fábrica de West Orange. Os prejuízos, calculados em 5.000.000 de dólares, não estavam cobertos por seguro. Mas Edison de modo algum perdeu o ânimo. O desafio que a reconstrução representava até pareceu remoçá-lo vários anos. Sempre gostou de trabalhar apertado e atirou-se à tarefa de dirigir a restauração. Pôs o pessoal da demolição para trabalhar logo na manhã seguinte. E dentro de duas semanas os escombros tinham sido removidos e a reconstrução começara.

Estava perto dos 70 quando os Estados Unidos entraram na Primeira Guerra Mundial, mas, por solicitação do Ministro da Marinha, Josephus Daniels, assumiu a presidência da Junta Consultiva Naval. Inventou um aparelho para localizar torpedos, faróis para submarinos, projetis movidos a turbina e estabilizadores de submarinos. Por esses e outros inventos de guerra — mais de 40 ao todo —

recebeu a Medalha por Serviços Relevantes.

Durante toda a sua vida, por mais violento que fosse o ritmo do seu dia dè trabalho, Edison nunca perdeu o gesto por anedotas pesadas. Durante a guerra, quando estava trabalhando mais premido do que nunca, toda a manhã pedia para ver a "pasta dos despachos". Essa "pasta" era um apanhado telegráfico das melhores piadas do dia em Washington e Nova York. Espalhava-as pela mesa e dava boas risadas antes de começar o trabalho do dia. Muitas vezes, evoca um assistente dele, sua gargalhada era "um rugido que se ouvia por todo o edifício".

Edison tinha um jeito todo especial para animar os outros, para restituir-lhes o entusiasmo. Um, com quem fez isso por Henry Ford. Os dois conheceram-se numa das primeiras convenções da Companhia Edison, na qual este proferiu uma palestra sobre o seu acumulador, que achava seria perfeitamente adaptável ao automóvel elétrico, que a indústria automobilística concluíra seria a próxima invenção.

Mas o jovem Ford tinha outras idéias. Começou expondo a Edison as suas teorias sobre a vela de ignição, descrevendo-lhe um motor barato a gasolina, montado num *chassis* de baixo preço. Ele tinha razão: o automóvel elétrico estava condenado antes mesmo de aparecer. Mas o próprio Ford não tinha muita certeza disso. A exaustiva experimentação deixara-o quase falido e terrivelmente desanimado.

Edison, que estava então no apogeu da sua fama, ouviu-o com simpatia, a mão em concha junto ao ouvido. De repente seu punho cerrado estrondou na mesa.

— Rapaz! — bradou. — Você tem a solução! Continue! Os carros elétricos tem de se manter perto das estações de força para poderem recarregar as baterias. E a bateria acumuladora é pesada demais. O seu automóvel é autônomo. Ele carrega a sua própria usina de força. Continue com os seus planos!

Essa conversa reavivou em Ford a sua fé e pode-se dizer que modificou completamente a sua carreira. Ele nunca a esqueceu.

Dezesseis anos mais moço que Edison, Ford venerava o inventor. No 50º aniversário da lâmpada elétrica, ele fez em Dearborn, Estado de Michigan, uma reprodução exata de uma pequena localidade do passado, comemorando os primeiros anos da vida e as primeiras realizações de Edison. Gastando uma fortuna, ele reproduziu o velho laboratório de Menlo Park, completo até ao último detalhe. Estava tudo exatamente como fora 50 anos antes.

ôs células cerebrais de Edison, de tamanho evidentemente fora do comum, juntava-se uma notável resistência física, que lhe permitiu agüentar as terríveis sobrecargas a que se submeteu durante a maior parte dos seus 84 anos. Seu avô vivera 104 anos e Edison, em vista disso, considerava-se relativamente jovem mesmo depois dos 70.

Aos 75 anos Edison reduziu o seu dia de trabalho para 16 horas. Aos 80 fabricou o seu primeiro disco *long-playing*. Por 38 centavos de dólar o comprador recebia 40 minutos de música.

— Tenho idéias suficientes para manter os laboratórios ocupados durante anos — declarou a pessoas que o entrevistaram.

Com efeito, a sua fartura de idéias não tinha precendentes. Ao fim da vida, tinha Edison obtido o espantoso total de 1.097 patentes registradas.

Era freqüente os jornalistas procurarem Edison para saber suas idéias sobre Deus e a religião.

— Depois de observar durante anos os processos da natureza — dizia-lhes ele — não posso duvidar da existência de uma Inteligência Suprema. A existência de um tal Deus, na minha opinião, quase que pode ser provada pela Química.

Mas mesmo num assunto como esse, seu senso de humor se manifestava. Quando um ministro perguntou se se devia instalar uns pára-raios na igreja, Edison respondeu:

— Sem dúvida alguma. Até a Providência pode se distrair.

Até a semana da sua morte prosseguiu no processo de autoeducação iniciado no dia em que sua mãe o tirara da escola quando ele tinha sete anos. Mesmo no seu leito de morte era um ávido leitor de livros sobre os mais variados assuntos. Três dias antes de falecer estava diligentemente fazendo observações e planos para futuras experiências.

Sua curiosidade era o desespero dos médicos. Perguntava quais as origens e as causas da sua doença e controlava o seu próprio boletim. Discutia com eles sobre remédios e drogas. Os exames de sangue deixavam-no intrigado e insistia em examinar as lâminas e microscópios. A morte nunca teve uma vítima mais observadora e alerta.

Começou a sua última Grande Exploração no dia 18 de outubro de 1931, com a idade de 84 anos. Na noite do seu funeral, atendendo a um apelo do Presidente da República, Herbert Hoover, todas as lâmpadas dos Estados Unidos foram apagadas durante um minuto inteiro num tributo ao homem que as acendera 52 anos antes. Por uma extraordinária coincidência, a data assinalava mais um aniversário do acender da primeira lâmpada que funcionou bem, em Menlo Park.

— E quanto à vida depois da morte? — perguntou um repórter, durante o funeral, a um dos velhos companheiros do inventor. — Ele algum dia lhe disse alguma coisa a esse respeito?

— Não tenho bem certeza — respondeu o amigo de Edison. — Mas se houver algum meio de comunicação, não tardaremos a ter notícia dele.

Leitura Recomendada

A essência do conceito clipping *é informar e motivar. Neste último capítulo deste livro-clipping, apresentamos ao leitor, comentários sobre os livros-matrizes, de onde os textos foram extraídos. Geralmente são Prefácios ou Introduções explicando a obra e sua finalidade.*

O conteúdo dos livros desta coleção é auto-suficiente, mas ao leitor que deseje conhecimentos mais completos, recomendamos a leitura dos livros-fonte— aliás, esta é uma das razões da "invenção" da coleção ***O Poder do Poder****.*

Todos os livros aqui recomendados encontram-se disponíveis em livrarias, ou nas respectivas editoras.

A Bíblia do Otimismo

R. STANGANELLI — EDITORA VIDA FELIZ

Este livro, de estilo claramente popular, pesquisado, organizado e escrito pelo educador e filósofo R. Stanganelli, tem como lema: "Pensar para acertar; calar para resistir e agir para vencer". A sua essência é a sabedoria dos grandes homens de todos os tempos.

Na abertura da obra o autor registra: "Os princípios contidos nesta Bíblia aplicam-se a tudo na vida; desde à criança ingênua ao mais inteligente ser humano do mundo. Qualquer pessoa que se dispuser a seguir os princípios aqui indicados, terá êxitos absolutos."

A Bíblia do Otimismo é uma série de volumes, organizados em etapas gradativas para levar o leitor desde um início culturalmente modesto até uma visão de mundo aberta e contínua. O coração da obra é o otimismo — o estado humano indispensável para a nossa evolução.

Na página 14, o autor define sua grande proposta de vida, conceituado "o que é a União Universal dos Otimistas:

O que é a "União Universal dos Otimistas"

Respondendo a milhares de cartas pedidno esclarecimentos sobre o que é a União Universal dos Otimistas, explicaremos, em síntese, o que ela realiza no mundo.

1 — A Igreja do otimista é o grande universo.

2 — O templo de oração é o universo do seu ser.

3 — Onde o otimista se encontra, ele ora, trabalha e realiza, melhorando a si mesmo e aperfeiçoando o que já está feito.

4 — O otimista compreende que sempre há algo para se realizar.

5 — Sabe que no seu próprio ser se ocultam todos os poderes de Deus.

6 — Dá de si ao máximo, para projetar, em todas as dimensões, o lado bom da vida.

7 — O otimista compreende que só praticam o mal aqueles que ainda não despertaram para as realidades da vida sadia, criadora e elevada.

8 — Sabe que o mal é fruto dos espíritos que ainda vivem nas trevas, em conflito com a ignorância.

9 — A Inteligência Infinita protege o otimista através do fruto e das vibrações sagradas, dando-lhe poderes para superar qualquer circunstância e para melhorar onde quer que se encontre.

10 — O vício e a corrupção não atingem o otimista. Suas células estão canalizando as energias positivas dos poderes reais e criadores das forças infinitas, para fazer germinar o bem, protegendo a vida em todo o universo das virtudes que Deus cultiva, para o equilíbrio da sua oração.

Para finalizar, respondemos que, se você quiser tornar-se um adepto da União Universal dos Otimistas, poderá fazê-lo, tornando-se um assinante da revista *Otimismo*, através da qual receberá ensinamentos dos grandes mestres de luz e dos sábios de todos os tempos, para orientá-lo em todos os seus passos, dando-lhe capacidade para descortinar novos horizontes em sua vida, melhorando-o em todos os aspectos: na vida estudantil, comercial, amorosa, religiosa, familiar, política, espiritual e filosófica. Você passará a ter uma nova concepção da vida, abrangendo todo o universo de Deus, e o templo do seu ser será um receptor de abundantes energias, dando-lhe como recompensa uma vida próspera, criadora e feliz!

Para que isto aconteça, envie hoje mesmo o seu nome para o livro de *Registro Espiritual das Vibrações Sagradas*, da União Universal dos Otimistas: Av. Rio Branco, 320 - 5º and. - cj. 52 - Tel.: (011) 211.3539/ 223.8381 - São Paulo - Caixa Postal 7183.

Deus e a Bíblia

O nome Bíblia, em seu sentido próprio, designa o conjunto de livros do Antigo e do Novo Testamento. Por extensão, significa também livro de importância capital, que pode servir de guia e normas. Nesse sentido é que o usamos em A Bíblia do otimismo.

O poder desta Bíblia

Ninguém é grande ou pequeno demais para não poder beneficiar-se com a aplicação dos métodos e princípios desta Bíblia, simples, pura, natural, próspera, criadora, atual e Real. É infinita como o Universo, livre como o Vento, pura e radiante como o Sol, indispensável como a µgua e eterna como a Mãe-Terra.

Tenho certeza de que a semente que agora entrego a você será o germinar de uma nova vida.

O professor Stanganelli é autor de mais de duas dezenas de obras sobre a psicologia do comportamento humano e a ciência do sucesso. Seu livro *De Vencido a Vencedor* é um *best-seller* permanente. Empresas e Instituições culturais têm distribuído a obra para seus funcionários e associados. No Brasil os livros de R. Stanganelli são distribuídos pela Editora Ícone, de São Paulo (011) 288-0206.

A convite do coordenador desta coleção, este livro *O Poder do Otimismo*, foi pesquisado e organizado pelo professor R. Stanganelli. O capítulo por ele assinado foi extraído do seu livro *A Bíblia do Otimismo*, volume I, publicado pela Editora Vida Feliz, de São Paulo.

Otimismo e Felicidade

LAURO TREVISAN — EDITORA E DISTRIBUIDORA DA MENTE

O educador e conferencista Lauro Trevisan é um fenômeno editorial. Desde que publicou seu primeiro livro *O Poder Infinito da Mente*, em 1980, tornou-se um dos autores brasileiros mais lido e estudado.

O Poder Infinito da Mente está na 250ª edição. Traduzido para várias outras línguas, continua sucesso em outros países.

O autor ensina de forma simples e profunda, às pessoas a usarem as forças inferiores, para resolver os problemas e alcançar os grandes objetivos da vida.

Veja os capítulos "Começando a grande busca — A chave do segredo — As maravilhas da mente — Mergulhe na abundância infinita — Como usar o poder curador que existe em você — Amor, casamento e família — Seus poderes extra-sensoriais".

Otimismo e felicidade é outra obra do autor gaúcho que vem merecendo grande interesse de seus leitores desde sua publicação, em janeiro deste ano. "*Otimismo e Felicidade* coloca você na melhor trilha para a auto-realização e sucesso na vida", afirma o autor.

Para completa informação de nossos leitores, transcrevemos, a seguir, o pequeno capítulo: Você é o Presidente da sua República, extraído da obra supracitada.

Elejo-o, neste momento, Presidente da sua própria República, um território imenso, do tamanho do seu micro-cosmo.

Vista a faixa de supremo mandatário, tome posse e comece a governar com fé, otimismo e entusiasmo.

Você tem tudo para vencer e realizar ótimo governo.

Vá em frente, com o porte ereto, os olhos fixos no seu progresso e a mente firmada na sua capacidade, criatividade e dinamismo.

Seu lema é: Vencer ou vencer.

Sei que você tem fé inquebrantável e, por isso, nada mais o deterá na sua arrancada para levar o seu país ao primeiro mundo da vida.

Sua bandeira está desfraldada, com o lema: "Otimismo e Realização".

Seu otimismo dá-lhe a certeza de que todas as metas serão alcançadas.

Não dê ouvidos às aves de mau agouro e aos pessimistas, que só sabem ficar sentados à beira do caminho a reclamar da má sorte, do azar e da falta de oportunidades. Nem mesmo erga os punhos contra os que pensam que podem barrar o seu caminho, porque estes não existem. O seu caminho é Seu caminho e a sua Força interior, aliada à fé todo-poderosa, romperá as barreiras e o levará aonde você quer chegar.

Você tem dentro de si a Fonte de tudo; portanto, a realização não é nada mais do que o efeito da sua própria causa mental.

Realiza quem pensa que realiza.

Sempre chega aonda quiser quem pensa que lá chegará.

Sucesso é estado mental. Para quem conhece esta verdade, não existe o impossível e nem o longe.

Não há o que temer. Você tudo pode.

As grandes realizações são devidas a homens que souberam pensar grande.

Você é grande porque pensa grande.

Acredite em si. Engate a mente na sua boa estrela e reconheça que a sua luz interior o conduzirá sempre para cima e para frente.

A vida é dos ousados. Como você.

Lembre sempre a sua dimensão superior e toque, com a mente, o seu infinito poder criador e realizador.

Aceite com serenidade a oposição, já que pode, eventualmente, ajudá-lo a acertar melhor o caminho.

Vá em frente, que o sucesso o acolhe de braços abertos.

Você é o heróico e todo-poderoso Presidente de si mesmo. Não espere pelos outros. A você compete criar os seus projetos e dar-lhes andamento, com a fé de que assim é e assim será.

O seu sucesso trará o aplauso do mundo.

E no dia em que lhe for retirada a faixa presidencial e lhe colocarem a faixa "Descanse em Paz", você estará realmente em paz, descansado e feliz, pois cumpriu, à maravilha, sua grande missão neste planeta.

Roteiro Cósmico

HUBERTO ROHDEN — EDITORA MARTIN CLARET

Este livro ocupa um lugar de destaque na extrema bibliografia do autor. Quase ousamos dizer que é uma pequena obra-prima. São pensamentos múlticores sobre fundamentos problemas da existência humana. Pensadores antigos e modernos são convidados a dizer — através de Rohden — o que sabem sobre o Universo, sobre Deus, sobre o passado, o presente e o futuro do homem — "esse desconhecido".

Aqui, Rohden fala do paralelo entre a constituição cósmica sideral e hominal e traça um roteiro para a perfeita harmonia entre esses dois fundamentos.

Diz Rohden: "A única filosofia digna deste nome deve navegar sob o signo do Universo — *um* em (di)*versos*, unidade com pluralidade, um só causa revelada em muitos efeitos.

E isto vale tanto para o *microcosmo sideral* como para o *microcosmo humano*.

A palavra Universo é elíptica, gravita em torno de dois pólos, o *uno* e o (di)*verso*. A causa una com efeitos múltiplos.

Platão, Aristóteles, Descartes, Kant, Spinoza, Hegel, Bergson, Einstein, Hermes, Lao Tse, Buda, o Kybalion, os Vedas, a Bhagavad Gita; as escolas empírica, metafísica, racionalista, idealista, existencialistas — tudo isto pode ser aceito como outros tantos afluentes do Amazonas da "Filosofia Univérsica", mas não pode servir como seu fundamento. Para nós, da Filosofia Cósmica ou Univérsica, só existe um modelo ou paradigma orientador: o Universo.

É esta, sem dúvida, a mais bela palavra que existe em língua latina. Só um gênio podia crear palavra tão genial. Os próprios helenos, com o vocábulo *"kosmos"*, não atingiram a genialidade da palavra Universo.

Unidade sem diversidade é *monotonia.*

Diversidade sem unidade é *caos.*

Unidade com diversidade é *harmonia.*

O Universo, seja o de fora, no mundo sideral, seja o de dentro, no mundo humano, simboliza harmonia.

Dentro do homem, essa harmonia se chama *auto-realização*, cuja manifestação é o *Homem Cósmico* ou *Univérsico.*"

Rohden, como filósofo e pensador, destrói em nós a ilusão de que vivemos separados do Cósmos. E enfatiza que a crescente conscientização de unidade interna nos liberta cada vez mais das nossas situações externas.

A finalidade deste livro é conscientizar e orientar o homem para a atualização de sua infinita potencialidade.

No início do livro o autor faz o seguinte Convite aos Leitores:

Convido o leitor a penetrar comigo neste mundo de pensamentos variadíssimos, focalizando palpitantes problemas de ciência, filosofia, psicologia, ex-

periências místicas e vivências cósmicas.

Pensadores antigos e modernos são convidados, nestas páginas, a dizer o que sabem sobre o Universo, sobre Deus, sobre o passado, o presente e o futuro do homem — "esse desconhecido".

Os leitores que sabem poderão saber mais, os que sofrem sofrerão menos.

E todos eles acabarão crendo muito mais no muito que ignoram do que no pouco que sabem.

Os que leram os meus livros De Alma para Alma *e* Ídolo ou Ideal? *sabem que livros de pensamentos avulsos, como este e como aquele, são bem-vindos pelos homens da trepidante vida moderna; podem ser abertos a esmo, em qualquer página e sempre o leitor encontrará algo para enriquecer o seu espírito e alimentar a sua alma. Coletâneas de pensamentos heterogêneos, sem nexo necessário, têm a vantagem de não cansar o leitor.*

Escusado é repetir que o autor não expõe as suas idéias como verdades infalíveis, e espera que o leitor lhe conceda a mesma liberdade de pensamento e de consciência que reclama para si mesmo.

O autor também não se arroga a paternidade absoluta de tudo quanto diz neste livro; é possível que idéias alheias, lidas ou ouvidas, tenham formado um substrato no subconsciente do autor, emergindo, aqui e acolá, como se fossem prole mental dele. Quem de nós poderá garantir até que ponto as suas idéias exclusivamente dele? Existirá mesmo pensamento integralmente meu ou teu?

Leitor, se te encontrares comigo, nesse roteiro cósmico, sigamos de mãos dadas rumo ao Universo desconhecido dentro de cada um de nós! Compreendemos a Verdade — e a Verdade nos libertará...

O Poder do Otimismo

NORMAN VINCENT PEALE — EDITORA CULTRIX

Um livro oportuno, e de grande valor, para todos quantos se vejam a braços com problemas íntimos e carecidos da orientação espiritual que as capacite a resolvê-los. De forma viva, e agradável de ler, O poder do otimismo lhes proporcionará a orientação necessária e o estímulo capaz de transformá-los, de pessimistas desencorajados, em Otimistas Irredutíveis.

Na abertura do livro o autor diz ao leitor as seguintes palavras:

Se deseja viver neste mundo árduo, e ainda assim manter otimismo e verdadeira fé, este livro foi feito para seu uso.

Se dispõe de quanto é necessário para tratar proveitosamente com os rudes fatos da existência, sem perder a crença em bons resultados, eis que se mostra um otimista de ânimo resistente. Em nosso livro tal qualidade é considerada alta designação, seja para quem fôr.

A palavra resistente é bastante expressiva. Não significa parlapatão, zombeteiro, ou dado a valente, como os desordeiros. Observe a definição dada pelo Webster, uma obra-prima:

Resistente: possuidor da qualidade de ser forte ou firme na textura, porém flexível e não quebradiço; cedendo a força sem se partir; capaz de resistir a uma grande tensão sem se romper.

Mostrar elasticidade sob a aplicação de força, não se romper, possuir boa e substancial textura de personalidade: isso é ser resistente, na mais alta significação da palavra.

Já que chegar a tanto depende, em maior parte, de como pensamos, de nosso pensamento frágil ou forte, timorato ou destemido, hesitante ou direto, acrescentemos resistência à nossa atitude mental, e teremos obtido um composto que se torna algo especial, muito especial. Sendo resistente poderemos suportar tensão sem que nos despedacemos em nossos pensamentos. Também isso é importante, pois se houver ruptura em nossos pensamentos, estaremos, realmente, despedaçados.

Suportar, entretanto, e simplesmente manter a inércia, não é o bastante. O psiquiatra qu afirmou ser "o principal dever do homem suportar a vida" disse apenas a metade do que devia dizer, e a metade menos importante, afinal. Atacar, dominar, alcançar a vitória, seguir para a frente, é a melhor metade da história da vida. Assim, à expressão "ânimo resistente" acrescentaremos a palavra tônica "otimista". Aqui temos, de novo, uma palavra que vem recebendo definição imprópria, já que não descreve os superanimados, os ultra-grandiosos, os que esperam pelo imprevisto. Trata-se, antes, de ver o pior com todo o realismo, acreditando, ainda assim, no melhor. Ao Webster, novamente:

Otimismo: Doutrina que diz excederem os bens da vida nos males e dores que ela encerra, que afirma ser a vida preponderantemente boa. Inclinação a interpretar da maneira mais favorável as ações e os acontecimentos, e a reduzir os aspectos, condições e possibilidades adversos, ou antecipar os melhores resultados possíveis; um temperamento esperançoso e animado.

Um "otimista de ânimo resistente" é, então, o que não se deixa esfacelar em seus pensamentos, seja qual fôr a tensão, e contínua, esperançosa e animadamente, a esperar o bem, não obstante a situação aparente. Talvez a Sra. Alan Shepard, esposa do primeiro astronauta americano, tenha dado expressão bastante boa a esta filosofia, quando descreveu sua atitude na ocasião em que seu marido dava o salto para o espaço: Acredito no poder do bem e de Deus. Senti bondade em tôrno de mim e sabia que Alan estava onde devia estar, e nas mãos de Deus. Dormi bem..."

Ainda outra ilustração de um otimista de ânimo resistente é dada por Alan Moorehead em seu fascinante livro sobre a África, *O Nilo Branco*. O famoso explorador e missionário David Livingstone é ali descrito em inesquecível interpretação:

"Tinha ele aquela qualidade a que os árabes dão o nome de baraka. Nas circunstâncias menos favoráveis demonstrava o poder de embelezar a vida, fazendo-a parecer melhor do que antes. Sua simples presença parece ter sido uma benção para quantos o conheceram".

Faça a lista das dificuldades da vida: doenças, doces, perigos, mêdos, ódios, preconceitos, guerras, e assim por diante. Há uns tipos de pessoas que tem o necessário para enfrentar tudo isso, a pessoa que, com o auxílio de Deus, mostra-se à altura de qualquer dessas dificuldades, ou de todas elas: O otimista de ânimo resistente.

Este livro e todas as outras obras de Norman Vincent Peale deve ser lido e estudado. Como um "terapeuta espiritual" ele tem ajudado a milhões de pessoas do mundo inteiro.

Minutos de Sabedoria

C. TORRES PASTORINO — EDITORA VOZES

Esta obra-prima da literatura espiritual, pesquisado, organizada e escrita por um mestre de sabedoria, já foi adquirida por mais de cinco milhões de leitores. Confirmação absoluta do seu valor como mensagem de vida.

O *copyright* da obra pertence a Elza Soares Pereira, esposa do autor e seus filhos Carlos Juliano Pereira Pastorino e Vera Cristina Pereira Pastorino. Os direitos de publicação estão com a Editora Vozes, de Petrópolis, RJ.

A Editora Vozes também edita outra obra de Pastorino *Sugestões Oportunas — Guia para a Sabedoria.*

O médico e terapêuta carioca, Luiz George de Oliveira Bello, faz o seguinte Prefácio para o livro:

É com a nossa alma transbordante de satisfação que fazemos o prefácio deste valioso livro, todo ele repassado de ternura e luminosidade.

Minutos de Sabedoria se nos apresenta como gotas de orvalho a cair em nossas almas ressequidas e ardentes pelo calor das ilusões e dos enganos da Terra.

Nosso verdadeiro destino é a Sabedoria.

Todos nós caminhamos para ela, quer por nossa própria conta, quer, como geralmente acontece, impulsionados pela dor.

Minutos de Sabedoria é um desses convites amáveis e serenos para a redentora caminhada.

Leíamos essas páginas com alma. É vida para a nossa verdadeira vida, que é a vida eterna do espírito.

Todos os nossos minutos são sempre, de alguma forma, minutos de sabedoria. Realmente, a cada instante, em meio de nossas inconsciência ou de nossa alucinação, recebemos a impressão tantas vezes dolorosa, mas sempre benéfica, da luz que nos aperfeiçoa.

Bebamos em *Minutos de Sabedoria* essa mesma luz em forma de néctar suave e divinal.

Todos nós almejamos a felicidade.

Buscam-na uns simplesmente no prazer material, mas caem logo no despenhadeiro da decepção.

Verdadeiramente só na Sabedoria haveremos de encontrar a felicidade eterna e real.

Recebamos *Minutos de Sabedoria* com gratidão, pois são também centelhas de luz a cair dos céus para iluminar nossa vida.

São ensinamentos sublimes que pouco a pouco irão contribuindo parra a elaboração de um novo mundo mais pacífico e mais humano.

O Prof. Pastorino, que já tem sido o instrumento valioso de tantos trabalhos sublimes, é novamente o canal por onde nos chegam mais estas dádivas.

Louvemos a Deus por essas torrentes de graças e ensinamentos e roguemos as condições necessárias para, em nossa inferioridade, podermos ir absorvendo essas emanações luminosas, que nos vem através de tantas obras esplêndidas, como *Minutos de Sabedoria*.

Todo o trabalho do professor Pastorino está fundamentado na Escola de Sabedoria, (MSPW — Quadra 3 — Conjunto 3 — Lote 5 — 71700 Brasília, DF)

Trata-se de uma Sociedade Civil, cultural e beneficiente, cujos primórdios vem desde 1951, em caráter particular, e que agora se constitui numa obra oficialmente registrada. Suas finalidades são o estudo teórico e prático de quaisquer doutrins espiritualistas, filosóficas, religiosas e científicas, relacionadas com a evolução do espírito.

Recomendamos com entusiasmo a leitura de todos os livros do professor C. Torres Pastorino.

O Gênio Incandescente

C. B. WALL — SELEÇÕES DO READER'S BIGEST, 1954

Esta excelente biografia — *O Gênio Incandescente* — é a condensação de um livro editado por Appleton-Century-Crofts, Inc., de autoria de C. B. Wall.

O autor obteve da família de Edison, de seus companheiros de trabalho ainda vivos e de outras fontes um fascinante material até agora inédito.

Há mais de 1 século que o nome de Thomas Alva Edison é conhecido no mundo inteiro como o do mais brilhante inventor norte-americano. Mas Edison foi muio mais que isso. Poucos sabem que ele foi um dos mais extraordinários seres humanos que os Estados Unidos já produziram. Sua vida foi mais sensacional do que qualquer das suas espetaculares invenções.

Henry Ford — Considerado um dos maiores homens do nosso século, em seu livro *Edison Tal como o Conheci*, diz as seguintes inspiradas palavras sobre o gênio de Menlo Parki.

Acontecia que o Edison que entrara na minha vida, de uma forma tão especial, havia sido o ideal de minha adolescência. Entre os anos de 1879 e 1880 foi que, pela primeira vez, ouvi falar nele, quando a descoberta e a rápida adoção de sua luz incandescente o tornaram uma figura de projeção universal. Todos os jornais enchiam colunas com artigos sobre a sua personalidade.

Tinha eu dezessete anos e acabava de sair de casa para trabalhar numa oficina mecânica.

Admirava a personalidade e

as maravilhosas descobertas desse homem. Porém, o que mais impressionava minha admiração juvenil era sua dedicação a um trabalho contínuo de resultados aleatórios. E agora que o conheço pessoalmente, há trinta e quatro anos, o que mais admiro nele também é a sua capacidade de trabalhar e pensar intensamente.

Porque, quando tudo parece dito e feito, a aptidão para o trabalho significa mais do que tudo.

Edison é dotado de uma imaginação prodigiosa e de uma memória extraordinária. Não obstante, apesar de todo o talento que possue, nada teria realizado de verdadeiramente grande no mundo se não possuísse, ao mesmo tempo, essa força arrebatadora que o impede, continuamente, a aperfeiçoar-se tudo que empreende.

Nunca admite, mesmo remotamente, a possibilidade do fracasso. Está plenamente convicto de que, com um trabalho constante, infatigável, sem um instante de desalento, tudo se obtém.

Foi esse gênio para o trabalho, de resultados aleatórios, que me entusiasmou quando pequeno e fez de Edison meu herói predileto. E depois que o conheço a simpatia e a admiração que eu lhe votava só tem aumentado.

Às vezes, quando divago, sou forçado a reconhecer que para mim foi uma felicidade o fato do herói de minha adolescência ter sido o amigo de minha idade viril. E' uma circunstância que, pela própria natureza das coisas, acontece muito raramente.

Depois desse primeiro encontro, em 1896, tornei a vê-lo três anos mais tarde no seu laboratório de West Orange (New Jersey), para onde ele se havia mudado ao deixar Menlo Park. Nessa época eu estava procurando construir uma bateria de acumuladores que produzisse energia suficiente para combinar um arranque e um dínamo a um grupo motor e, ao mesmo tempo, suprir as demais necessidades elétricas de um automóvel.

Quando comecei a explicar-lhe o que estava fazendo, agarrei uma folha de papel e um lápis e ele fez o mesmo. Concomitantemente começamos a expressar-nos por meio de croquis em lugar de usar palavras. Ao nos darmos conta dessa coincidência, não nos foi possível conter o riso.

Creio que cheguei a conhecê-lo intimamente, e quanto mais o ia conhecendo, maior ele me parecia como homem e como gênio, ao serviço da humanidade.

Este Livro-clipping
não tem um final.
A partir daqui
ele continua em você...
como um poderoso
fermento criador!

Este Livro-clipping
não tem um final.
A partir daqui
ele continua em você...
como um poderoso
fermento criador!